Dr. Oetker
KÜCHEN-BIBLIOTHEK

Köstliche Kleinigkeiten morgens, zwischendurch und abends

Vehling-Verlag
Werl i.W. - Basel - Graz

Frühstück

Munter in den neuen Tag mit frischen Früchten

Frühstück, das kann der gelassene Beginn eines neuen Tages sein. Ein liebevoll gedeckter Tisch, frische Brötchen, Säfte, selbstgemachte Müslis machen fit für einen anstrengenden Tag Seite 8

Keine Chance für Morgenmuffel: Köstliche Brotspezialitäten

In keinem anderen Land der Welt gibt es so viele unterschiedliche Brotsorten: Deutschlands Bäcker bieten mehr als 200 Sorten an. Und von hell bis dunkel - viele Brotsorten schmecken am Morgen

Seite 24

Für Leute mit großem Morgenhunger: Pikante Eiergerichte

Nicht nur ein gekochtes Ei schmeckt morgens zum Frühstück. Es gibt schließlich vielerlei Ei. . . Seite 40

Gehören auf jeden Frühstückstisch: Marmeladen und Gelees

Wer es zum Frühstück süß mag, hat die Qual der Wahl. Viele leckere Marmeladen und Gelees warten auf die Eroberung

Seite 50

Brunch

Wir laden ein zum Katerfrühstück

Wer einen Kater hat, braucht ihn keineswegs allein auszukurieren. Bei dieser Festivität dient der Kater so und so nur als Vorwand, um einen neuen Tag mit netten Leuten zu beginnen Seite 66

Morgens um elf gibt's ein rustikales Büfett

Erwarten Sie bereits morgens Gäste? Ein rustikales Büfett bietet sich an, und Sie sind gegen den Ansturm gewappnet

Seite 78

Suppen und Salate

Leichtes zwischen Frühstück und Mittag

Das Anzeichen kennt jeder: Plötzlich ist man unkonzentriert, Hunger stellt sich ein. Eine kleine Mahlzeit zwischendurch kann Wunder bewirken und hilft über dieses Tief hinweg Seite 92

Pikantes für den kleinen Hunger

Knackig frischer Salat - ein Zauberwort für Genießer, Kalorienzähler und für den kleinen Hunger Seite 106

Abendessen

Treffpunkt am Familientisch

Das Abendessen ist in vielen Familien zu einem richtigen Treffpunkt geworden. Nach einem Tag voller Hektik sitzt man gemütlich zusammen und findet bei einem neuen Gericht Zeit zum Plaudern Seite 128

Kleine Schlemmereien für ein Essen zu zweit

Zaubern Sie doch mal ein exquisites Gericht für Ihren lieben Gast Seite 146

Wir bitten unsere Gäste zum kalten Büfett

Erwarten Sie Gäste? Ein kaltes Büfett läßt auch den Gastgebern Zeit zum Feiern Seite 162

Küchenratgeber

Wissen Sie, wie viele verschiedene Brotsorten es gibt?
Und was Sie bei der Zubereitung von Konfitüren und Gelees beachten sollten?
Außerdem: Wissenswertes über Salatzubereitung, Vorratshaltung und Gästebewirtung Seite 177

Die Rezepte sind - wenn nicht anders angegeben - für 4 Personen berechnet.

Frühstück

Munter in den neuen Tag mit frischen Früchten

Apfel-Salat mit Johannisbeeren

500 g Äpfel	schälen, vierteln, entkernen, in kleine Würfel schneiden, mit
1-2 Eßl. Zitronensaft	beträufeln
500 g rote Johannisbeertrauben	waschen, gut abtropfen lassen, verlesen, entstielen mit den Apfelwürfeln,
125 ml (⅛ l) saurer Sahne	
75 g Zucker	
1 Päckchen Vanillin-Zucker	vermengen, nach Belieben
abgezogene, gehackte Mandeln	
Kernige Haferflocken	unterheben, sofort servieren.

Tropen-Müsli

(Abb. oben)

1 Eßl. Butter	in einer Pfanne zerlassen
8 Eßl. Kernige Haferflocken	darin goldgelb rösten, mit
1 Eßl. Zucker	bestreuen, noch etwa 1 Minute weiterrösten, erkalten lassen
1 Mango	schälen, entsteinen
2 Kiwis	schälen
2 Bananen	schälen
2 Nektarinen oder Pfirsiche	waschen, halbieren, entsteinen das Obst in Scheiben schneiden, in eine Schale geben
1 Eßl. Zitronensaft	
2 Eßl. Zucker	unterrühren
200 g Dickmilch	darübergeben, mit den Röstflocken bestreuen.

Birnen-Salat

4 mittelgroße Birnen	schälen, vierteln, entkernen, in dünne Scheiben schneiden (3 Scheiben zum Garnieren zurücklassen), sofort mit
2 Eßl. Zitronensaft	beträufeln
1 Becher (150 g) Sahnejoghurt	mit
1–2 Eßl. Zucker	
½ Päckchen Vanillin-Zucker	
etwas gemahlenem Zimt	verrühren, über die Birnenscheiben geben
6 gehäufte Eßl. Kernige Haferflocken	
1–2 Eßl. gehackte Walnuß- oder Haselnußkerne	vorsichtig unterrühren den Birnensalat in eine Schüssel füllen, mit den zurückgelassenen Birnenscheiben garnieren.

Quark-Creme mit Obst

250 g Speisequark	mit
125 ml (⅛ l) Milch	
Saft von 1 Zitrone	
3 Eßl. Zucker	
3–4 gehäufte Eßl. Blütenzarten Haferflocken	zu einer geschmeidigen Creme rühren, nach Belieben in einer ausgehöhlten
Melonenhälfte	anrichten.
Beigaben:	Verschiedene Obstsorten mit Cocktailspießen zum Eintauchen in die Quarkcreme nehmen.

Erdbeer-Quark

250 g Erdbeeren	waschen, abtropfen lassen, entstielen, mit
250 g Speisequark	im Mixer pürieren (einige Erdbeeren zum Garnieren zurücklassen), mit
50 g Zucker	
Zitronensaft oder 1 Päckchen Vanillin-Zucker	abschmecken die Speise in eine Glasschale füllen, mit den zurückgelassenen Erdbeeren garnieren.

Weintrauben-Becher

(2–3 Portionen – Abb. unten)

1 Eßl. Butter	in einer Pfanne zerlassen
8 Eßl. Kernige Haferflocken	unter ständigem Rühren darin goldgelb rösten, mit
1 Eßl. Zucker	bestreuen, noch etwa 1 Minute weiterrösten, erkalten lassen
250 g grüne oder blaue Weintrauben	waschen, entstielen, gut abtropfen lassen, halbieren, entkernen
250 g Sahnequark	mit
1 Eßl. Zitronensaft	
2 Eßl. Zucker	zu einer geschmeidigen Masse verrühren schichtweise Weintraubenhälften, die Quarkcreme und die Röstflocken in hohe Gläser füllen, mit Röstflocken garnieren.

Fruchtsalat mit Honig-Joghurt-Soße

(Abb. oben)

600–750 g vorbereitetes Obst (z. B. Kiwis, Erdbeeren, Äpfel, Weintrauben)	waschen, halbieren oder in kleine Stücke bzw. Scheiben schneiden
etwa 100 g Mandarinen (aus der Dose)	abtropfen lassen
6 Eßl. flüssiger Honig	
2 Becher (je 150 g) Joghurt	
1 Eßl. gemahlener Zimt	
	die drei Zutaten mit einem elektrischen Handrührgerät auf niedrigster Stufe etwa 1 Minute verrühren, etwa 30 Minuten kalt stellen, über die Früchte geben.

Knusper-Bratäpfel

	Für die Füllung
3 Eßl. Rosinen	verlesen, in
5 Eßl. Rum	etwa 1 Stunde quellen lassen
2 Eßl. Butter	in einer Pfanne zerlassen
4 Eßl. Blütenzarte Haferflocken	
5 Eßl. braunen Zucker (Rohrzucker)	darin unter ständigem Rühren leicht bräunen lassen, die Pfanne von der Kochstelle nehmen, Rum-Rosinen,
5 Eßl. Schlagsahne	hineingeben, gut verrühren
4–5 Äpfel (z. B. Boskop)	waschen, das Kerngehäuse ausstechen, die Äpfel in eine gefettete, feuerfeste Form setzen, mit der Knuspermasse füllen, die Form auf dem Rost in den vorgeheizten Backofen schieben
Strom:	Etwa 225
Gas:	Etwa 5
Backzeit:	Etwa 30 Minuten.

Obstsalat mit Cream Sherry

3 Scheiben Ananas (aus der Dose)	abtropfen lassen, in Stücke schneiden
4 halbe entsteinte Pfirsiche	in Spalten schneiden
3 Kiwis	schälen
1 Banane	schälen beide Zutaten in Scheiben schneiden
200 g Erdbeeren	waschen, gut abtropfen lassen, entstielen
200 g grüne Weintrauben	waschen, entstielen, gut abtropfen lassen beide Zutaten halbieren, die Weintrauben entkernen die Früchte in eine Schale oder in ein großes Glas geben, vermengen, mit
1 Eßl. Zucker	bestreuen
4 Eßl. Cream Sherry	darübergeben, etwa ½ Stunde bei Zimmertemperatur zugedeckt stehenlassen kurz vor dem Servieren
1 Eßl. kleingeschnittene Pistazienkerne	über den Ostsalat streuen.

Überbackene Ananas

(Abb. unten)

	Die Hälfte von
8 Scheiben Ananas (aus der Dose)	in eine gefettete Auflaufform legen, die Scheiben mit
2 Eßl. Apfelsinenmarmelade	bestreichen, die übrigen Ananasscheiben darauflegen
50 g Butter	zerlassen
100 g Blütenzarte Haferflocken **50 g Zucker** **50 g abgezogene, gehackte Mandeln**	dazugeben, miteinander vermengen die Masse über die gefüllten Ananasscheiben verteilen die Form auf dem Rost in den vorgeheizten Backofen schieben
Strom:	Etwa 200
Gas:	Etwa 4
Backzeit:	Etwa 10 Minuten warm oder kalt mit
Apfelsinenschalen-Streifen (unbehandelt) **Apfelsinenspalten**	garniert servieren.
Beigabe:	Schlagsahne.

Erdbeer-Milchmix

Abb. links)

250 g Erdbeeren	waschen, abtropfen lassen, entstielen, mit einem elektrischen Handrührgerät oder im Mixer pürieren, nach und nach mit
500 ml (½ l) Dickmilch	
500 ml (½ l) Milch	verrühren, mit
etwa 3 Eßl. Zucker	süßen
4 gehäufte Eßl. Instant Haferflocken	unterrühren, in Gläser füllen, mit
gerösteten Haferflocken	
Erdbeerhälften	garnieren, gut gekühlt servieren.

Erdbeer-Müsli

500 g Erdbeeren	waschen, gut abtropfen lassen, entstielen, halbieren
75 g Zucker	mit
1 Päckchen Vanillin-Zucker	mischen, über die Erdbeeren geben, die Früchte auf Portionsschälchen oder auf tiefe Teller verteilen, von
4 Eßl. Hafer-Vollkornflocken	je 1 Eßl. auf jede Portion geben
2 Becher (je 150 g) Joghurt	darüber verteilen, mit
Hafer-Vollkornflocken	bestreuen.

Chicorée-Rohkost

(Etwa 2 Portionen - Abb. unten)

1-2 Chicorée	von den welken Blättern befreien, die Chicorée halbieren, den Strunk keilförmig herausschneiden, die Chicorée waschen, abtropfen lassen (3 äußere Blätter zum Anrichten zurücklassen)
1 mittelgroßen Apfel	waschen, vierteln, entkernen
1 mittelgroße Apfelsine	schälen
	die drei Zutaten kleinschneiden, mit
1 Eßl. Zitronensaft	vermengen
2 Eßl. Schlagsahne	
1 Teel. Zucker, Salz	hinzufügen, etwas durchziehen lassen, evtl. nochmals mit Salz, Zucker abschmecken
3-4 Eßl. Blütenzarte Haferflocken	vorsichtig unterrühren, die Chicorée-Rohkost auf den zurückgelassenen Chicorée-Blättern anrichten, mit
Petersilie	garnieren.

Apfelsinenflocken

(1 Portion - Abb. oben)

2 kleine Apfelsinen	schälen, in kleine Stücke schneiden, mit
1 Eßl. Honig	vermengen, einige Minuten zum Saftziehen stehenlassen
4 gehäufte Eßl. Kernige Haferflocken	mit den Apfelsinenstücken vermengen, in ein Schälchen geben, nach Belieben mit
1 Apfelsinenscheibe	
Minzeblättchen	garnieren.

Melonen-Salat, spezial

(6 Portionen)

1 Honigmelone	waschen, abtrocknen, halbieren (evtl. im Zickzack-Schnitt), entkernen, aushöhlen das Melonenfleisch in Würfel schneiden
4 Eßl. Himbeergeist	mit
1-2 Eßl. Zitronensaft	
Zucker	verrühren, über das Melonenfleisch geben, gut durchziehen lassen
1-2 Birnen	schälen, halbieren, entkernen, in Würfel schneiden
1 Packung (300 g) tiefgekühlte Himbeeren	in einer Schüssel bei Zimmertemperatur auftauen lassen
2 Eßl. Preiselbeeren (nach Belieben)	
	die Zutaten mit dem Melonenfleisch vermengen, mit
Zucker	abschmecken
3-4 Eßl. Weißwein	darübergeben den Salat in die Melonenhälften füllen, eisgekühlt servieren.

Pfirsich-Quarkcreme

500 g Pfirsiche	kurze Zeit in kochendes Wasser legen (nicht kochen lassen), in kaltem Wasser abschrecken, enthäuten, halbieren, entsteinen, vierteln, mit
3-5 Eßl. Milch	mit einem elektrischen Handrührgerät oder im Mixer pürieren

250 g Speisequark	mit
75 g Zucker	
1 Päckchen Vanillin-Zucker	
1-2 Eßl. Zitronensaft	unterrühren
125 ml (1/8 l) Schlagsahne	½ Minute schlagen
1 Päckchen Sahnesteif	unter ständigem Schlagen einstreuen, die Sahne steifschlagen die Pfirsich-Quarkmasse unter die Schlagsahne rühren.

Joghurt mit Honig und Haselnüssen

(1 Portion)

30 g Haselnußkerne	grob hacken, in einer Pfanne ohne Fett leicht rösten, etwas abkühlen lassen
1 Becher Trinkjoghurt	mit
2 Eßl. flüssigem Honig	verrühren, in ein Schälchen füllen die Haselkerne mit
gemahlenem Zimt	vermischen, über den Joghurt streuen.

Frisches Müsli

Gut 125 ml (1/8 l) Milch	erhitzen, von der Kochstelle nehmen
abgeriebene Schale von 1 Zitrone (unbehandelt)	
Saft von ½ Zitrone	
3 Eßl. Haferflocken	
3 Eßl. flüssiger Honig	
2 Eßl. verlesene Rosinen	
	die fünf Zutaten mit der Milch verrühren, etwa 30 Minuten stehenlassen
2 Äpfel	schälen, halbieren, entkernen, reiben
4 getrocknete Feigen oder Datteln	in Stücke schneiden
1 Banane	schälen, in Scheiben schneiden
125 g Erdbeeren	waschen, gut abtropfen lassen, entstielen, halbieren
10 Walnußkerne	
10 Mandelkerne	
	beide Zutaten kleinhacken Früchte und Nüsse unter den Haferflokkenbrei rühren.
Beigabe:	Joghurt, Kefir oder Dickmilch.

Müsli nach Bircher-Benner

(Abb. unten)

200 g Kernige Haferflocken	mit
250 ml (1/4 l) Milch	
125 ml (1/8 l) Schlagsahne	übergießen, durchziehen lassen
4 Äpfel	waschen, abtrocknen, vierteln, entkernen, kleinschneiden, mit dem
Saft von 1 Zitrone	übergießen
2 Bananen	
4 Apfelsinen	
	beide Zutaten schälen, Apfelsinen in kleine Stücke, Bananen in Scheiben schneiden
50 g gehackte Haselnußkerne oder abgezogene, gehackte Mandeln	
2 Eßl. Honig oder 4 gehäufte Eßl. Zucker	mit dem Obst vermengen, unter die Haferflocken heben.

Fruchtsalat

(Abb. unten)

Fruchtsalate sind besonders wohlschmeckend, wenn man verschiedene Obstsorten mischt

Apfelsinen schälen, von der weißen Haut, den Kernen befreien

Feigen waschen, abtropfen lassen

Korinthen

Rosinen verlesen

die drei Zutaten in etwas Wasser einweichen, abtropfen lassen

die Früchte kleinschneiden, mit

Zucker in eine Glasschale schichten, nach Belieben mit

Zitronensaft

Wein oder unvergorenem Fruchtsaft übergießen, mit

Mandeln

Nußkernen

Rosinen garnieren

besonders erfrischend sind folgende Zusammenstellungen:

1. Äpfel, Apfelsinen, Zucker, Zitronensaft, Nüsse
2. Äpfel, Apfelsinen, Bananen, Zucker, Zitronensaft, Nüsse
3. Äpfel, Feigen, Zucker, Zitronensaft
4. Äpfel, Apfelsinen, Bananen, Ananas, Zucker, Wein
5. Äpfel, Apfelsinen, Birnen, Ananas, Bananen, Zucker, Saft
6. Apfelsinen, Bananen, Zucker, Zitronensaft
7. Pflaumen, Birnen, Pfirsiche, Zucker, Zitronensaft.

Quark-Sahnecreme

2 gestrichene Teel. Gelatine gemahlen, weiß mit

4 Eßl. kaltem Wasser anrühren, 10 Minuten zum Quellen stehenlassen, unter Rühren erwärmen, bis sie gelöst ist

250 g Speisequark nach und nach mit

125 ml (1/8 l) Milch

100 g Zucker

abgeriebener Zitronenschale (unbehandelt)

Saft von 1/2 Zitrone verrühren, zunächst 3 Eßl. davon mit der Gelatinelösung verrühren, unter die übrige Speise schlagen

125 ml (1/8 l) Schlagsahne steifschlagen, mit

1 Päckchen Vanillin-Zucker süßen, unter die Quarkmasse heben, die Creme in eine Glasschale füllen, kalt stellen, damit sie fest wird, mit

roten Kirschen garnieren.

Veränderung: Die Creme über 500 g beliebiges, gezuckertes weiches Obst geben.

Quarkcreme mit Gelatine

3 gestrichene Teel. Gelatine gemahlen, weiß mit

3 Eßl. kaltem Wasser anrühren, 10 Minuten zum Quellen stehenlassen, unter Rühren erwärmen, bis sie gelöst ist

3 Eigelb nach und nach mit

75 g Zucker

250 g Speisequark cremig schlagen

Saft von 1 Zitrone hinzufügen

zunächst 3 Eßl. dieser Masse mit der Gelatinelösung verrühren,

	unter die übrige Speise schlagen, kalt stellen
3 Eiweiß	steifschlagen, unter die dickliche Speise heben.

Himbeerschälchen

(Abb. oben)

1-2 Eßl. Butter	in einer Pfanne zerlassen
100 g Instant Haferflocken	darin unter ständigem Rühren goldgelb rösten, mit
1-2 Eßl. Zucker	bestreuen, noch etwa 1 Minute weiterrösten, erkalten lassen
400 g Himbeeren	sorgfältig verlesen, mit
1 Teel. abgeriebener Zitronenschale (unbehandelt)	vermengen, mit
Zucker	abschmecken
125 ml (⅛ l) Schlagsahne	zusammen mit
1 Päckchen Vanillin-Zucker	steifschlagen
	die Himbeeren auf Schälchen verteilen, mit den Röstflocken bestreuen, Schlagsahne daraufgeben.

Quarkspeise mit Himbeeren

1 Päckchen Gelatine gemahlen, weiß	mit
5 Eßl. kaltem Wasser	anrühren, 10 Minuten zum Quellen stehenlassen, unter Rühren erwärmen, bis sie gelöst ist
250 g Sahnequark	mit
75 g Zucker	
Saft von 1 Zitrone	gut verrühren
40 g abgezogene, gehackte Mandeln	
4 Eßl. Instant Haferflocken	und die lauwarme Gelatinelösung unter die Quarkmasse schlagen
etwa 300 g verlesene Himbeeren	vorsichtig unterheben
	die Quarkmasse in mit Wasser ausgespülte Förmchen füllen, im Kühlschrank fest werden lassen, auf Dessertteller stürzen, mit
Himbeeren	garnieren, nach Belieben mit
steifgeschlagener Schlagsahne	verzieren.

Pfirsich-Müsli
(1 Portion - Abb. oben)

3 gehäufte Eßl. Kernige Haferflocken	mit
125 ml (⅛ l) Milch	übergießen, durchziehen lassen
2 Pfirsiche	waschen, halbieren, entsteinen, in Stückchen schneiden, mit den Haferflocken vermengen
1 Eßl. Zucker	unterrühren, mit
Schlagsahne	verzieren.

Cornflakes mit Erdbeeren
(1 Portion)

100 g Erdbeeren	vorsichtig abspülen, abtropfen lassen, entstielen, mit dem
Saft von ½ Apfelsine	
1 Eßl. Zucker	vermengen, einige Minuten zum Saftziehen stehen lassen, zusammen mit
3 Eßl. Cornflakes	
2 Eßl. Crème fraîche	in einem Schälchen oder tiefen Teller anrichten.

Radieschen-Sandwich mit Sojabohnenkeimlingen
(1 Portion)

1 Scheibe Vollkornbrot oder Leinsamenbrot	mit
Butter	bestreichen
4-5 Radieschen	putzen, waschen, in dünne Scheiben schneiden, auf das Brot legen
1 Scheibe Schinkenspeck	kroß ausbraten, auf Küchenpapier abtropfen lassen, auf die Radieschen legen
1 Eßl. Sojabohnenkeimlinge	abspülen, abtropfen lassen, über das belegte Brot streuen.
Veränderung:	Statt der Sojabohnenkeimlinge können auch die Samen von Erbsen, Linsen, Kresse, Senfsaat oder Fenchel verwendet werden. Die Samen können leicht auf der Fensterbank gezogen werden. Die erntereifen Keimlinge halten sich bis zu zwei Tagen im Kühlschrank, ohne weiterzuwachsen.

Guten-Morgen-Salat mit Avocados

1 Avocado	längs halbieren, entsteinen, schälen, quer in Scheiben schneiden
1 große Banane	schälen, in Scheiben schneiden beide Zutaten mit
Zitronensaft	beträufeln
2 Apfelsinen	schälen, von der weißen Haut befreien, filieren
150 g frische Datteln	halbieren, entsteinen, die harte Haut abziehen, die Datteln in Streifen schneiden
100 g Erdbeeren	waschen, gut abtropfen lassen, entstielen, halbieren oder vierteln
1 Kiwi	schälen, längs halbieren, in Scheiben schneiden
50 g Rosinen	verlesen, die Salatzutaten in Dessertschälchen anrichten
	für die Salatsoße
1 Becher (150 g) Joghurt	mit
2 Eßl. Dickmilch	
1-2 Eßl. Zitronensaft	
1 Päckchen Vanillin-Zucker	
1 Eßl. Zucker	verrühren, über die Salatzutaten geben den Salat sofort servieren.

Bulgarischer Joghurt-Drink

(1 Portion)

1 kleine Tomate	waschen, abtrocknen, den Stengelansatz herausschneiden
1 kleine Gewürzgurke	
	beide Zutaten in kleine Würfel schneiden, mit
1 Becher Trinkjoghurt	verrühren, mit
Salz, Pfeffer	würzen, mit
1 Tomatenscheibe	garnieren.

Apfel-Rohkost

(2 Portionen - Abb. unten)

2 mittelgroße Äpfel	waschen, abtrocknen, vierteln, entkernen, in kleine Stücke schneiden, mit
1 Becher (150 g) Joghurt	
1 Eßl. Zucker	vermengen
6 gehäufte Eßl. Kernige Haferflocken	unterrühren.
Veränderung:	Geriebene Haselnußkerne, verlesene Rosinen oder etwas gemahlenen Zimt untermischen.

Gurken-Drink

(1 Portion - Abb. unten)

250 g Salatgurke	waschen, halbieren, entkernen, in Stücke schneiden, nach und nach in einen elektrischen Entsafter geben
1 Eßl. Schlagsahne	unter den Saft rühren, mit
Salz, Pfeffer	abschmecken, mit
gehacktem Dill	bestreuen
	den Gurken-Drink mit
Wasser-Eiswürfeln (aus dem Gefrierfach)	servieren.

Tomaten-Drink

(1 Portion - Abb. links)

250 g Tomaten	waschen, die Stengelansätze herausschneiden, die Tomaten in Stücke schneiden
75 g Honigmelone, geschält	in Stücke schneiden
	beide Zutaten nach und nach in einen elektrischen Entsafter geben
1 Teel. Zitronensaft	unter den Saft rühren, mit
Cayennepfeffer Worcestersoße, Salz	abschmecken
	den Tomaten-Drink in ein Glas füllen, mit
Schlagsahne	verzieren, mit
Paprika edelsüß	bestreuen, mit
Wasser-Eiswürfeln (aus dem Gefrierfach)	servieren.

Pampelmusen-Müsli

(2 Portionen - Abb. oben)

1 Pampelmuse	waschen, abtrocknen, quer halbieren, mit einem spitzen scharfen Messer das Fruchtfleisch vorsichtig

aus der Schale lösen, die weiße Haut entfernen

1 Pfirsich waschen, halbieren, entsteinen beide Zutaten kleinschneiden, mit

1 Becher (150 g) Joghurt
1–2 Eßl. Zucker vermengen
4 Eßl. Kernige Haferflocken unterheben, die Masse in die Pampelmusenhälften füllen, mit
Cocktailkirschen garnieren.

Exotischer Fruchtcocktail

(Abb. rechts)

4 kleine Netzmelonen im oberen Drittel quer mit einem kleinen Küchenmesser zu einem Stern schneiden, das Fruchtfleisch herauslösen, entkernen, in Würfel schneiden, in eine Schüssel geben

225 g Lychees (aus der Dose)
225 g Mangofrüchte (aus der Dose)
150 g gewürfelte Kumquats (aus dem Glas) die Zutaten abtropfen lassen, die Mangos in Würfel schneiden, mit den übrigen Früchten vermengen

für die Cocktail-Soße
den Saft von
1 Zitrone mit
2 Eßl. Kirschlikör
4 Eßl. Weinbrand
1–2 Eßl. gesiebtem Puderzucker
½ Päckchen Vanillin-Zucker verrühren, über die Früchte gießen, zugedeckt mindestens 1 Stunde kalt stellen

Wasser-Eiswürfel (aus dem Gefrierfach) in kleine Stücke zerstoßen, in flache Schalen füllen, darauf die Melonensterne setzen
die Fruchtmischung vorsichtig umrühren, ohne Saft in die Melonen füllen, nach Belieben mit

Lychees
Kumquats
kandierten Kirschen garnieren.
Beigabe: Teegebäck, Löffelbiskuits, nach Belieben gesüßte Crème fraîche.

Keine Chance für Morgenmuffel: Köstliche Brotspezialitäten

Brotzopf

(Abb. oben)

2 Packungen (je 370 g) Brotmischung	mit
500 ml (½ l) lauwarmem Wasser	nach der Vorschrift auf der Packung zubereiten, gehen lassen, den Teig mit
Weizenmehl	bestäuben, aus der Schüssel nehmen, kurz durchkneten aus ⅔ des Teiges 3 etwa 40 cm lange Rollen formen, sie als Zopf auf ein gefettetes Backblech legen, der Länge nach mit einem Rollholz eindrücken, den Rest des Teiges in 3 gleichmäßige Stücke schneiden, diese zu etwa 35 cm langen Rollen formen, daraus einen zweiten Zopf flechten, ihn auf den größeren legen, nochmals an einem warmen Ort gehen lassen den Teig mit Wasser bestreichen, mit Mehl bestäuben, in den vorgeheizten Backofen schieben
Strom:	200–225
Gas:	3–4
Backzeit:	Etwa 50 Minuten.

Brot mit pikanter Füllung

	Für den Teig
1 Packung (370 g) Brotmischung	mit
250 ml (¼ l) lauwarmem Wasser	nach der Vorschrift auf der Packung zubereiten, gehen lassen
	für die Füllung
1 Brötchen	in kaltem Wasser einweichen
1 Zwiebel	abziehen, in Würfel schneiden
1 Eßl. Speiseöl	erhitzen, die Zwiebelwürfel,
1 Bund gehackte Petersilie	kurz darin andünsten
500 g Hackfleisch (halb Rind-, halb Schweinefleisch)	mit
1 Ei	
100 g gedünsteten Champignonscheiben	und dem gut ausgedrückten Brötchen zu den Zwiebelwürfeln geben die Masse mit
Salz	
frisch gemahlenem weißem Pfeffer	
etwa 1 Teel. Senf	
etwa 1 Teel. Tomatenmark (aus der Tube)	würzen den gegangenen Brotteig mit
Weizenmehl	bestäuben, aus der Schüssel nehmen, kurz durchkneten den Teig (nach Belieben etwas zum Garnieren zurücklassen) auf der mit Mehl bestäubten Tischplatte zu einer runden Platte (Durchmesser etwa 30 cm) ausrollen die Fleischmasse zu einem Kloß (Durchmesser etwa 15 cm) formen, auf den Teig legen
75 g Käse (z. B. Edamer oder junger Gouda-Käse)	in kleine Würfel schneiden, darüber verteilen den Teig über dem Fleisch zusammennehmen, den überstehenden Teig fest zusammendrücken den Teig auf ein gefettetes Backblech legen, mit dem zurückgelassenen Teig garnieren, nochmals an einem warmen Ort gehen lassen die obere Rundung des Teiges in Abständen von etwa 3 cm von oben nach unten etwa 1 cm lang einritzen, mit Wasser bestreichen, mit Mehl bestäuben, in den vorgeheizten Backofen schieben
Strom:	200–225
Gas:	3–4
Backzeit:	Etwa 1 Stunde.

Schinken-Hörnchen

1 Packung (370 g) Brotmischung	mit
250 ml (¼ l) warmem Wasser	nach der Vorschrift auf der Packung zubereiten, gehen lassen
	den Teig mit
Weizenmehl	bestäuben, aus der Schüssel nehmen, kurz durchkneten
	den Teig auf der mit Mehl bestäubten Tischplatte zu einer runden Platte (Durchmesser etwa 40 cm) ausrollen, mit einem Kuchenrädchen wie eine Torte in 12 Stücke teilen
	auf jedes Stück etwas von
125 g feingeschnittenem rohem Schinken	geben
	die runde Seite jedes Stückes noch etwas breiter ziehen, zur Spitze hin aufrollen, als Hörnchen (Spitze nach unten) auf ein gefettetes Backblech legen, nochmals an einem warmen Ort gehen lassen
	die Hörnchen mit Wasser bestreichen, leicht mit Mehl bestäuben, in den vorgeheizten Backofen schieben
Strom:	200-225
Gas:	3-4
Backzeit:	Etwa 25 Minuten.

Roggenbrot mit Salami

(Abb. unten)

250 g Roggen-Backschrot (Type 1800)	
250 g Weizenmehl (Type 550)	in eine Rührschüssel geben, mit
1 Päckchen Trocken-Backhefe	sorgfältig vermischen
1 Teel. Zucker	
1 Teel. Salz	
250 ml (¼ l) lauwarmes Wasser	hinzufügen
	die Zutaten mit einem elektrischen Handrührgerät mit Knethaken zunächst auf der niedrigsten, dann auf der höchsten Stufe in etwa 5 Minuten zu einem glatten Teig verarbeiten, dann
150 g kleingeschnittene Salami	unterkneten, den Teig an einem warmen Ort so lange gehen lassen, bis er sich sichtbar vergrößert hat, aus der Schüssel nehmen, gut durchkneten
	aus dem Teig 2 längliche Brote formen, auf ein gefettetes Backblech legen, nochmals an einem warmen Ort gehen lassen, die obere Seite des Teiges mit Wasser bestreichen, mit Mehl bestäuben
Strom:	Etwa 200, **Gas:** 3-4
Backzeit:	Etwa 40 Minuten.

Mandelbrot

(Abb. unten)

500 g Weizenmehl	in eine Schüssel sieben, mit
1 Päckchen Trocken-Backhefe	sorgfältig vermischen
50 g Zucker, 1 Päckchen Vanillin-Zucker Salz, 2 Eier 100 g zerlassene, lauwarme Butter 125 ml (⅛ l) warme Milch	hinzufügen, alles mit einem elektrischen Handrührgerät mit Knethaken zuerst auf der niedrigsten, dann auf der höchsten Stufe in etwa 5 Minuten zu einem Teig verarbeiten, den Teig an einem warmen Ort so lange stehenlassen, bis er etwa doppelt so hoch ist
125 g Rosinen 100 g Korinthen	beide Zutaten verlesen
50 g feingewürfeltes Zitronat 50 g Mandeln	abziehen, fein hacken, unterkneten den Teig zu einer Kugel formen, auf ein gefettetes Backblech legen, an einem warmen Ort nochmals so lange stehenlassen, bis er etwa doppelt so hoch ist, mit
Dosenmilch	bestreichen, mit
1 Eßl. Hagelzucker 1 Eßl. abgezogenen gehackten Mandeln	bestreuen, in den Backofen schieben
Strom:	175-200, **Gas:** 3-4
Backzeit:	Etwa 50 Minuten.

Gefüllte Brötchen

(Abb. oben)

6 Roggenbrötchen	halbieren, etwas aushöhlen, das Innere in kaltem Wasser einweichen
	für die Füllung
1 Zwiebel	abziehen, fein würfeln
250 g Gehacktes	mit den gut ausgedrückten Brötchenresten, den Zwiebelwürfeln,
2 Eßl. gehackter Petersilie etwa 115 g kleingeschnittenen, gedünsteten Champignons, 1 Ei	vermengen, mit
Salz, Pfeffer	abschmecken, die Füllung in die unteren Brötchenhälften geben, auf ein mit Alufolie belegtes Backblech setzen, in die Mitte des Backofens schieben
Strom:	200-225, **Gas:** 3-4
Backzeit:	Etwa 30 Minuten etwa 10 Minuten vor Beendigung der Backzeit jede Brötchenhälfte mit
Tomatenscheiben	und jeweils 1 Scheibe
Gouda-Käse	belegen, die obere Brötchenhälfte darauflegen, in den Backofen schieben.

Käse-Schinkenhörnchen

Abb. unten)

	Für den Teig
125 g Speisequark	mit
4 Eßl. Milch, 1 Ei	
4 Eßl. Speiseöl	
1 gestrichenen Teel. Salz	verrühren
300 g Weizenmehl	mit
1 Päckchen Backpulver	mischen, sieben, die Hälfte davon unter den Quark rühren, den Rest des Mehls unterkneten den Teig ausrollen, Quadrate von etwa 12 × 12 cm schneiden
	für die Füllung
10 Scheiben gekochten Schinken	
10 Scheiben Gouda-Käse	in Größe der Dreiecke schneiden, jedes Teigdreieck mit je 1 Käse- und Schinkenscheibe belegen, die Teigecken zu Hörnchen aufrollen, auf ein gefettetes Backblech legen, mit
Dosenmilch	bestreichen, in den vorgeheizten Backofen schieben
Strom:	175-200, **Gas:** 3-4
Backzeit:	Etwa 20 Minuten.

Brötchenkranz

1 Packung (370 g) Brotmischung	mit
250 ml (¼ l) lauwarmem Wasser	nach der Vorschrift auf der Packung zubereiten, gehen lassen den Teig mit
Weizenmehl	bestäuben, aus der Schüssel nehmen, kurz durchkneten aus dem Teig 10 runde Brötchen formen als Kranz auf ein gefettetes Backblech legen, nochmals an einem warmen Ort gehen lassen die Brötchen mit Wasser bestreichen, mit
Sesam	
Kümmel	
Mohn	
Kernigen Haferflocken	
geraspeltem Käse (z. B. Gouda- oder Edamer-Käse)	bestreuen das Backblech in den vorgeheizten Backofen schieben
Strom:	175-200
Gas:	3-4
Backzeit:	30-35 Minuten.

Gefülltes Stangenbrot Doris

(Abb. unten)

1 Stangenweißbrot (etwa 50 cm lang, 8 cm breit)	quer halbieren, aushöhlen
	für die Füllung
250 g Butter	geschmeidig rühren
125 g gekochter Schinken	
125 g Corned beef	beide Zutaten in Würfel schneiden
2 hartgekochte Eier	pellen, hacken
1 gehäufter Teel. grüner Pfeffer	
1-2 Teel. Kapern	
einige Oliven, mit Paprika gefüllt	die Zutaten unter die Butter rühren das Brotinnere (Brotkrumen) zerpflücken, zu der Masse geben, kräftig mit
Salz	
Pfeffer	
Worcestersoße	abschmecken die Füllung in die Brotstangen geben, in Alufolie verpackt kalt stellen, in Scheiben schneiden, mit
Oliven	
Pfefferkörnern	
Feldsalat	garnieren.

Korinthenbrötchen

250 g Weizenmehl	in eine Schüssel sieben, mit
½ Päckchen Trocken-Backhefe	sorgfältig mischen
25 g Zucker	mit
1 Päckchen Vanillin-Zucker, Salz	
50 g zerlassener, lauwarmer Butter oder Margarine	
1 Ei	
1 Eßl. lauwarmer Milch	hinzufügen, alles mit einem elektrischen Handrührgerät mit Knethaken zuerst auf der niedrigsten, dann auf der höchsten Stufe in etwa 5 Minuten zu einem Teig verarbeiten
75 g verlesene Korinthen	unterkneten den Teig an einem warmen Ort so lange stehenlassen, bis er etwa doppelt so hoch ist, ihn dann auf höchster Stufe nochmals gut durchkneten, zu einer 30 cm langen Rolle formen, etwa 2 cm dicke Scheiben davon abschneiden, zu Brötchen formen, auf ein gefettetes Backblech legen, an einem warmen Ort nochmals so lange stehenlassen, bis sie etwa doppelt so hoch sind, mit
Dosenmilch	bestreichen, in den vorgeheizten Backofen schieben
Strom:	200-225, **Gas:** 3-4
Backzeit:	Etwa 15 Minuten.

Hörnchen

Abb. oben)

500 g Weizenmehl	in eine Schüssel sieben, mit
1 Päckchen Trocken-Backhefe	sorgfältig mischen
75 g Zucker	mit
1 Päckchen Vanillin-Zucker	
2 Tropfen Backöl Bittermandel	
Salz, 1 Eiweiß	
65 g zerlassener, lauwarmer Butter oder Margarine	
200 ml (⅕ l) lauwarmer Milch	hinzufügen, alles mit einem elektrischen Handrührgerät mit Knethaken zuerst auf der niedrigsten, dann auf der höchsten Stufe in etwa 5 Minuten zu einem Teig verarbeiten, den Teig an einem warmen Ort so lange stehenlassen, bis er etwa doppelt so hoch ist, ihn dann auf der höchsten Stufe nochmals gut durchkneten
	den Teig in 4 Teile teilen, davon runde Platten (Durchmesser etwa 26 cm) ausrollen, diese vierteln, zu Hörnchen aufrollen, auf ein gefettetes Backblech legen, nochmals so lange an einem warmen Ort stehenlassen, bis sie etwa doppelt so hoch sind
1 Eigelb	mit
1 Eßl. Milch	verschlagen, die Hörnchen damit bestreichen, in den vorgeheizten Backofen schieben
Strom:	200–225, **Gas:** 3–4
Backzeit:	10–15 Minuten.

Käsebrötchen

(Abb. unten)

250 g Weizenmehl (Type 550)	mit
175 g Weizenmehl (Type 1050)	in eine Rührschüssel geben, mit
1 Päckchen Trocken-Backhefe	sorgfältig mischen
1 Teel. Zucker	mit
1 Teel. Salz etwas Pfeffer 250 ml (¼ l) lauwarmem Wasser	hinzufügen die Zutaten mit einem elektrischen Handrührgerät mit Knethaken zunächst auf der niedrigsten, dann auf der höchsten Stufe in etwa 5 Minuten zu einem glatten Teig verarbeiten, gegen Ende der Knetzeit
150 g grob geraspelten Gouda-Käse	unterkneten den Teig an einem warmen Ort so lange gehen lassen, bis er etwa doppelt so hoch ist, aus der Schüssel nehmen, gut durchkneten aus dem Teig etwa 10 ovale glatte Brötchen formen, auf ein gefettetes Backblech legen, nochmals an einem warmen Ort gehen lassen
1 Eigelb	mit
1 Eßl. Wasser	verschlagen, die Brötchen damit bestreichen, mit
50 g grob geraspeltem Gouda-Käse	bestreuen, in den vorgeheizten Backofen schieben
Strom:	175-200
Gas:	3-4
Backzeit:	Etwa 25 Minuten.

Sesambrot

(Abb. rechts)

500 g Weizenmehl (Type 550)	in eine Rührschüssel geben, mit
1 Päckchen Trocken-Backhefe	sorgfältig mischen
1 Teel. Zucker	mit
gut 1 Teel. Salz 250 ml (¼ l) lauwarmem Wasser	hinzufügen die Zutaten mit einem elektrischen Handrührgerät mit Knethaken zunächst auf der niedrigsten, dann auf der höchsten Stufe in etwa 5 Minuten zu einem glatten Teig verarbeiten, gegen Ende der Knetzeit
3 Eßl. gerösteten Sesam	unterkneten den Teig an einem warmen Ort so lange gehen lassen, bis er etwa doppelt so hoch ist, aus der Schüssel nehmen, gut durchkneten den Teig in eine gefettete Kastenform geben, nochmals an einem warmen Ort gehen lassen, mit
Milch	bestreichen, mit
Sesam	bestreuen, in den vorgeheizten Backofen schieben
Strom:	Etwa 200, **Gas:** 3-4
Backzeit:	Etwa 45 Minuten.

Sesambrötchen

375 g Weizenmehl (Type 405)	in eine Rührschüssel geben, mit
1 Päckchen Trocken-Backhefe	sorgfältig mischen
1 gestrichenen Teel. Zucker	mit
1 schwach gehäuften Teel. Salz 50 g zerlassener, lauwarmer Margarine 200 ml (⅕ l) lauwarmem Wasser	hinzufügen die Zutaten mit einem elektrischen Handrührgerät mit Knethaken zunächst auf der niedrigsten, dann auf der höchsten Stufe in etwa 5 Minuten zu einem glatten Teig verarbeiten, an einem warmen Ort so lange gehen lassen, bis er etwa doppelt so hoch ist aus dem Teig 24 ovale Brötchen formen, auf ein gefettetes Backblech legen, nochmals an einem warmen Ort gehen lassen, mit Wasser bestreichen, mit
Sesam	bestreuen, das Backblech in den vorgeheizten Backofen schieben
Strom:	175-200, **Gas:** 3-4
Backzeit:	Etwa 30 Minuten.

Confitures

Kräuter-Käse-Brot
(Abb. oben)

	Für den Teig
250 g Weizenmehl (Type 1050)	mit
250 g Weizenmehl (Type 550)	in eine Rührschüssel geben, mit
1 Päckchen Trocken-Backhefe	sorgfältig mischen
1 Teel. Zucker	mit
1 Teel. Salz, Pfeffer	
250 ml (¼ l) lauwarmem Wasser	hinzufügen die Zutaten mit einem elektrischen Handrührgerät mit Knethaken zunächst auf der niedrigsten, dann auf der höchsten Stufe in etwa 5 Minuten zu einem glatten Teig verarbeiten, an einem warmen Ort so lange gehen lassen, bis er etwa doppelt so hoch ist
	für die Füllung
2-3 Zwiebeln	abziehen, in Würfel schneiden
1 Eßl. Margarine	zerlassen, die Zwiebelwürfel darin andünsten
1 Ei	
100 g geriebenen Gouda-Käse	
5-6 Eßl. gemischte gehackte Kräuter	unterrühren den gegangenen Teig aus der Schüssel nehmen, gut durchkneten, auf der mit Mehl bestäubten Tischplatte zu einem Rechteck (30 × 40 cm) ausrollen, mit
1 Eßl. weicher Margarine	bestreichen, die Füllung gleichmäßig darauf verteilen die längeren Seiten des Teiges etwas einschlagen den Teig von den kürzeren Seiten her zur Mitte hin aufrollen den Teig in eine gefettete Kastenform (30 × 11 cm) geben, nochmals an einem warmen Ort gehen lassen den Teig auf der oberen Seite auf beiden Rollen zickzackförmig etwa 1 cm tief einschneiden (nicht drücken)
1 Eigelb	mit
1 Eßl. Wasser	verschlagen, den Teig damit bestreichen, die Form auf dem Rost in den vorgeheizten Backofen schieben
Strom:	175-200
Gas:	3-4
Backzeit:	40-50 Minuten.

Landbrot

125 g Weizenmehl (Type 1050)	mit
250 g Roggenmehl (Type 1150)	
125 g Weizen-Vollkornschrot (Type 1700)	in eine Rührschüssel geben, mit
1 Päckchen Trocken-Backhefe	sorgfältig vermischen
1 Teel. Zucker	mit
2 Teel. Salz, Pfeffer	
4 Eßl. Speiseöl	
250 ml (¼ l) lauwarmem Wasser	hinzufügen die Zutaten mit einem elektrischen Handrührgerät mit Knethaken zunächst auf der niedrigsten, dann auf der höchsten Stufe verrühren
125 g Sauerteig (vom Bäcker)	hinzufügen, alles in etwa 5 Minuten zu einem glatten Teig verarbeiten, an einem warmen Ort so lange gehen lassen, bis er sich sichtbar vergrößert hat, aus der Schüssel nehmen, gut durchkneten aus dem Teig ein rundes Brot formen, auf ein gefettetes Backblech legen, nochmals an einem warmen Ort gehen lassen, die obere Seite des Teiges kreuzweise etwa 1 cm tief einschneiden, mit Wasser bestreichen, mit
Weizenmehl	bestäuben, in den vorgeheizten Backofen schieben
Strom:	Etwa 200, **Gas:** 3-4
Backzeit:	Etwa 50 Minuten.

Käsebrot

(Abb. rechts)

500 g Weizenmehl (Type 550)	in eine Rührschüssel geben, mit
1 Päckchen Trocken-Backhefe	sorgfältig mischen
1 Teel. Zucker	mit
1 Teel. Salz, Pfeffer	
3 Eßl. Speiseöl	
250 ml (¼ l) lauwarmem Wasser	hinzufügen die Zutaten mit einem elektrischen Handrührgerät mit Knethaken zunächst auf der niedrigsten, dann auf der höchsten Stufe in etwa 5 Minuten zu einem glatten Teig verarbeiten den Teig an einem warmen Ort so lange stehenlassen, bis er etwa doppelt so hoch ist, aus der Schüssel nehmen
175 g Emmentaler Käse	in nicht zu kleine Würfel schneiden, zu dem Teig geben, gut unterkneten, den Teig in eine gefettete Auflaufform (Durchmesser etwa 20 cm) geben
75 g Emmentaler Käse	in kleine Keile schneiden, in den Teig stecken, nochmals an einem warmen Ort gehen lassen
1 Eigelb	mit
1 Eßl. Wasser	verschlagen, den Teig damit bestreichen die Auflaufform auf dem Rost in den vorgeheizten Backofen schieben
Strom:	Etwa 200
Gas:	3-4
Backzeit:	Etwa 50 Minuten das Käsebrot aus der Form nehmen, nach Belieben warm oder kalt servieren.

Haselnußbrot

1 Packung Brotmischung	mit
250 ml (¼ l) lauwarmem Wasser	nach der Vorschrift zubereiten gegen Ende der Knetzeit
150 g Haselnußkerne	hinzufügen, unterkneten, den Teig gehen lassen den Teig mit
Weizenmehl	bestäuben, aus der Schüssel nehmen, kurz durchkneten, zu einem länglichen Brot (etwa 30 cm) formen, auf ein gefettetes Backblech legen, wieder etwa 15 Minuten gehen lassen den Teig mehrere Male schräg etwa 1 cm tief einschneiden (nicht drücken), mit
Wasser	bestreichen, mit
gehackten Haselnußkernen	bestreuen das Backblech in den vorgeheizten Backofen schieben
Strom:	200-225
Gas:	3-4
Backzeit:	Etwa 35 Minuten.

Kräuter-Brötchen

(Abb. rechts)

250 g Weizenmehl (Type 550)	mit
250 g Weizenmehl (Type 1050)	in eine Rührschüssel geben, mit
1 Päckchen Trocken-Backhefe	sorgfältig mischen
1 Teel. Zucker	mit
2 Teel. Salz, Pfeffer	
3 Eßl. Speiseöl	
250 ml (¼ l) lauwarmem Wasser	hinzufügen, die Zutaten mit einem elektrischen Handrührgerät mit Knethaken zunächst auf der niedrigsten, dann auf der höchsten Stufe in etwa 5 Minuten zu einem glatten Teig verarbeiten gegen Ende der Knetzeit
2 Eßl. gehackte Petersilie	mit
2 Eßl. feingeschnittenem Schnittlauch	
1 Eßl. gehacktem Dill	unterkneten den Teig an einem warmen Ort so lange stehen lassen, bis er etwa doppelt so hoch ist, aus der Schüssel nehmen, gut durchkneten aus dem Teig etwa 12 runde Brötchen formen, auf ein gefettetes Backblech legen, nochmal an einem warmen Ort gehen lassen, die obere Seite der Brötchen kreuzweise etwa 1 cm tief einschneiden (nicht drücken)
1 Eigelb	mit
1 Eßl. Wasser	verschlagen, die Brötchen damit bestreichen, in den vorgeheizten Backofen schieben
Strom:	175-200, **Gas:** 3-4
Backzeit:	Etwa 25 Minuten.

Quark-Brötchen

500 g Weizenmehl	in eine Rührschüssel geben, mit
1 Päckchen Trocken-Backhefe	sorgfältig mischen
1 Teel. Zucker	mit
½ Teel. Salz	
250 g Speisequark	(evtl. auf einem Sieb abtropfen lassen)
50 g zerlassener, lauwarmer Butter	
200 ml (⅕ l) lauwarmem Wasser	hinzufügen die Zutaten mit einem elektrischen Handrührgerät mit Knethaken zunächst auf der niedrigsten, dann auf der höchsten Stufe in etwa 5 Minuten zu einem glatten Teig verarbeiten, an einem warmen Ort so lange gehen lassen, bis er etwa doppelt so hoch ist, aus der Schüssel nehmen, gut durchkneten, aus dem Teig 10-12 runde Brötchen formen, auf ein gefettetes Backblech legen, nochmals an einem warmen Ort gehen lassen, die Brötchen mit
1 Eßl. Milch	bestreichen, nach Belieben mit
Kümmel, Sesam, Mohn	bestreuen, in den vorgeheizten Backofen schieben
Strom:	175-200, **Gas:** 3-4
Backzeit:	20-25 Minuten.

Brötchen

1 Packung Brotmischung	mit
250 ml (¼ l) lauwarmem Wasser	nach der Vorschrift auf der Packung zubereiten, gehen lassen, den Teig mit
Weizenmehl	bestäuben, aus der Schüssel nehmen, kurz durchkneten, 10 glatte Kugeln daraus formen die Teigkugeln auf ein gefettetes Backblech legen, wieder etwa 15 Minuten stehen lassen, jeweils kreuzweise etwa 1 cm tief einschneiden, mit
Wasser	bestreichen, das Backblech in den vorgeheizten Backofen schieben
Strom:	175-200, **Gas:** 2-3
Backzeit:	35-40 Minuten.

Kasten-Weißbrot

(Abb. unten)

500 g Weizenmehl (Type 405)	in eine Rührschüssel sieben, mit
1 Päckchen Trocken-Backhefe	sorgfältig mischen
1 gestrichenen Teel. Zucker	mit
1 schwach gehäuften Teel. Salz	
2 Eiern, 1 Eigelb	
etwa 100 ml lauwarmer Milch	
1 Becher (150 g) Crème fraîche	hinzufügen die Zutaten mit einem elektrischen Handrührgerät mit Knethaken zunächst auf der niedrigsten, dann auf der höchsten Stufe in etwa 5 Minuten zu einem glatten Teig verarbeiten, an einem warmen Ort so lange gehen lassen, bis er etwa doppelt so hoch ist den Teig in eine gefettete, mit
Semmelmehl	ausgestreute Kastenform (30 × 11 cm) geben, nochmals an einem warmen Ort gehen lassen den Teig auf der oberen Seite der Länge nach etwa 1 cm tief einschneiden (nicht drücken), mit Wasser bestreichen, in den vorgeheizten Backofen schieben
Strom:	175-200
Gas:	3-4
Backzeit:	40-50 Minuten.

Speckbrot

(Abb. oben)

150 g durchwachsenen Speck	in Würfel schneiden, auslassen, kühl stellen
1 Packung (370 g) Brotmischung Zwiebelbrot	mit
250 ml (¼ l) lauwarmem Wasser	nach der Vorschrift auf der Packung zubereiten gegen Ende der Knetzeit den Speck hinzufügen, unterkneten den Teig gehen lassen, mit
Weizenmehl	bestäuben, aus der Schüssel nehmen, kurz durchkneten aus dem Teig ein rundes Brot formen, auf ein gefettetes Backblech legen, nochmals an einem warmen Ort gehen lassen die obere Seite des Teiges mehrere Male etwa 1 cm tief einschneiden (nicht drücken), mit Wasser bestreichen, mit Mehl bestäuben, in den vorgeheizten Backofen schieben
Strom:	200-225
Gas:	3-4
Backzeit:	40-50 Minuten.

Kasseler im Brotteig

(Abb. oben)

1 Packung (370 g) Brotmischung	mit
250 ml (¼ l) lauwarmem Wasser	nach der Vorschrift auf der Packung zubereiten, gehen lassen den Teig mit
Weizenmehl	bestäuben, aus der Schüssel nehmen, kurz durchkneten den Teig (nach Belieben etwas zum Garnieren abnehmen) auf der mit Mehl bestäubten Tischplatte zu einer länglichen Platte in der doppelten Größe des Kasselers ausrollen
1 kg Kasseler (im Stück, ohne Knochen)	darauflegen, die Teigränder mit Wasser bestreichen, um das Kasseler schlagen den Teig (glatte Seite nach oben) auf ein gefettetes Backblech legen, mit dem zurückgelassenen Teig garnieren über die obere Seite des Teiges verteilt einige etwa pfenniggroße Löcher ausstechen oder -schneiden (nicht drücken), nochmals an einem warmen Ort gehen lassen den Teig mit Wasser bestreichen, das Backblech in den vorgeheizten Backofen schieben
Strom:	Etwa 200
Gas:	3-4
Backzeit:	40-50 Minuten.
Veränderung:	Anstelle des Kasselers 1 kg gekochten Schinken verwenden.

Pikantes Brot

1 Packung (370 g) Brotmischung	mit
250 ml (¼ l) lauwarmem Wasser	nach der Vorschrift auf der Packung zubereiten, gehen lassen
100 g Gouda-Käse	grob raspeln
200 g gares Bratenfleisch	
125 g roher Schinken	beide Zutaten in Würfel schneiden die Zutaten unter den gegangenen Teig kneten, mit
Weizenmehl	bestäuben, aus der Schüssel nehmen, kurz durchkneten, gleichzeitig dabei zu einer glatten Kugel formen, auf ein gefettetes Backblech legen, nochmals an einem warmen Ort gehen lassen, die obere Seite des Teiges mehrere Male kreuzweise etwa 1 cm tief einschneiden (nicht drücken), mit Wasser bestreichen, mit
Sesam	bestreuen, in den vorgeheizten Backofen schieben
Strom:	200-225, **Gas:** 3-4
Backzeit:	50-60 Minuten.

Leinsamen-Brot

100 g Leinsamen	in
100 ml heißem Wasser	etwa 30 Minuten quellen lassen
250 g Roggen-Backschrot (Type 1800)	mit
250 g Weizenmehl (Type 550)	in eine Rührschüssel geben, mit
1 Päckchen Trocken-Backhefe	sorgfältig mischen
gut 1 Teel. Zucker	mit
gut 1 Teel. Salz	
3 Eßl. Speiseöl	
250 ml (¼ l) lauwarmer Buttermilch	hinzufügen die Zutaten mit einem elektrischen Handrührgerät mit Knethaken zunächst auf der niedrigsten, dann auf der höchsten Stufe in etwa 5 Minuten zu einem glatten Teig verarbeiten, gegen Ende der Knetzeit den Leinsamen unterkneten, den Teig an einem warmen Ort so lange gehen lassen, bis er sich sichtbar vergrößert hat, aus der Schüssel nehmen, gut durchkneten, aus dem Teig ein ovales Brot formen, auf ein gefettetes Backblech legen, nochmals an einem warmen Ort gehen lassen, die obere Seite des Teiges mehrere Male etwa 1 cm tief einschneiden (nicht drücken), mit Wasser bestreichen, in den vorgeheizten Backofen schieben
Strom:	Etwa 200, **Gas:** 3-4
Backzeit:	Etwa 1 Stunde.

Weizen-Vollkornbrot

(mit Kräutern der Provence)
(Abb. unten)

175 g Weizen-Vollkornschrot (Type 1700) mit
250 g Weizenmehl (Type 550) in eine Rührschüssel geben, mit
1 Päckchen Trocken-Backhefe sorgfältig mischen
1 Teel. Farin-Zucker mit
knapp 2 gestrichenen Teel. Salz
3 Eßl. Speiseöl
200 ml (⅕ l) lauwarmem Wasser hinzufügen
die Zutaten mit einem elektrischen Handrührgerät mit Knethaken zunächst auf der niedrigsten, dann auf der höchsten Stufe in etwa 5 Minuten zu einem glatten Teig verarbeiten, gegen Ende der Knetzeit
2 Eßl. Kräuter der Provence unterkneten
den Teig an einem warmen Ort so lange gehen lassen, bis er sich sichtbar vergrößert hat, aus der Schüssel nehmen, gut durchkneten, aus dem Teig ein rundes Brot formen, auf ein gefettetes Backblech legen, nochmals an einem warmen Ort gehen lassen
die obere Seite des Teiges mehrere Male etwa 1 cm tief einschneiden (nicht drükken), mit Wasser bestreichen, in den vorgeheizten Backofen schieben
den Teig während des Backens ab und zu mit Wasser bestreichen, um eine schöne Kruste zu erzielen

Strom: Etwa 200
Gas: 3-4
Backzeit: Etwa 50 Minuten.

Sauerkrautrolle

(Abb. oben)

	Für die Füllung
1 Eßl. Margarine oder Butter	zerlassen
500 g Sauerkraut	lockerzupfen, darin andünsten
1 Zwiebel	abziehen, mit
1 Lorbeerblatt	
5 Nelken	spicken, hinzufügen, das Sauerkraut etwa 15 Minuten andünsten lassen, die Zwiebel herausnehmen, das Sauerkraut kühl stellen
	für den Teig
1 Packung (370 g) Brotmischung	mit
1-2 Eßl. Kümmel	
250 ml (¼ l) lauwarmem Wasser	nach der Vorschrift auf der Packung zubereiten, gegen Ende der Knetzeit
1 Eßl. leicht erwärmte Margarine	unterkneten
	den Teig gehen lassen, mit
Weizenmehl	bestäuben, aus der Schüssel nehmen, kurz durchkneten den Teig auf der mit Mehl bestäubten Tischplatte zu einem Rechteck (etwa 35 × 35 cm) ausrollen die Hälfte des Sauerkrautes auf den Teig geben
4 Brühwürstchen	der Länge nach (jeweils 2 nebeneinander) darauflegen, das restliche Sauerkraut darüber verteilen zunächst eine der Teigseiten darüberklappen, mit Wasser bestreichen, dann die andere Teigseite daraufklappen, gut andrücken, die Teigenden der Rolle gut zusammendrücken die Rolle auf ein gefettetes Backblech legen, nochmals an einem warmen Ort gehen lassen die Rolle mit Wasser bestreichen, in den vorgeheizten Backofen schieben
Strom:	200-225
Gas:	3-4
Backzeit:	Etwa 50 Minuten.

Roggen-Schrotbrot

250 g Weizenmehl (Type 550)	mit
125 g Weizen-Vollkornschrot (Type 1700)	
200 g Roggen-Backschrot (Type 1800)	in eine Rührschüssel geben, mit
1 Päckchen Trocken-Backhefe	sorgfältig mischen
1 Teel. Zucker	mit
1-2 Teel. Salz	
300 ml lauwarmem Wasser	hinzufügen die Zutaten mit einem elektrischen Handrührgerät mit Knethaken zunächst auf der niedrigsten, dann auf der höchsten Stufe verrühren
200 g Sauerteig (vom Bäcker)	hinzufügen, alles in etwa 5 Minuten zu einem glatten Teig verarbeiten, an einem warmen Ort so lange gehen lassen, bis er sich sichtbar vergrößert hat, aus der Schüssel nehmen, gut durchkneten aus dem Teig ein ovales Brot formen, auf ein gefettetes Backblech legen, nochmals an einem warmen Ort gehen lassen, mit Wasser bestreichen, in den vorgeheizten Backofen schieben den Teig während des Backens ab und zu mit Wasser bestreichen, um eine schöne Kruste zu erzielen
Strom:	Etwa 200
Gas:	3-4
Backzeit:	50-60 Minuten.

Partybrot

(In der Bratfolie)
(Abb. unten)

	Von
1 Weißbrot (500 g)	die Rinde abreiben, einen Deckel abschneiden, das Weißbrot aushöhlen
	für die Füllung
1 Paprikaschote	halbieren, entstielen, entkernen, die weißen Scheidewände entfernen, die Schote waschen
1-2 Tomaten	kurze Zeit in kochendes Wasser legen (nicht kochen lassen), in kaltem Wasser abschrecken, enthäuten, das Innere und die Stengelansätze herausschneiden beide Zutaten in Würfel schneiden, mit
1 Eßl. gehackter Petersilie **750 g feiner Bratwurstmasse**	vermengen, in das Brot füllen, den Deckel darauflegen, mit 2 Holzstäbchen feststecken das Brot auf ein genügend großes Stück Bratfolie legen, mit
40 g zerlassener Butter oder Margarine	bestreichen, die Folie verschließen, auf dem Rost in die Mitte des vorgeheizten Backofens schieben
Strom:	200
Gas:	Etwa 3½
Backzeit:	Etwa 1¼ Stunden.

Würstchen im Teig

(Abb. oben)

2 Packungen (600 g) tiefgekühlten Blätterteig	bei Zimmertemperatur auftauen lassen (nicht noch einmal durchkneten) jede Teigplatte zu einem Rechteck (15-20 cm) ausrollen, dann so halbieren, daß Rechtecke von der Größe 15 × 10 cm entstehen
12 Würstchen, etwa 15 cm lang	auf die Teigstücke verteilen die Teigränder mit
Dosenmilch	bestreichen die Würstchen in den Teig einwickeln, auf ein mit Wasser abgespültes Backblech legen mit Dosenmilch bestreichen das Backblech in den vorgeheizten Backofen schieben
Strom:	200-225
Gas:	4-5
Backzeit:	Etwa 30 Minuten.

Für Leute mit großem Morgenhunger: Pikante Eiergerichte

Gekochte Eier

Eier	müssen frisch und sauber sein
Wassermenge	muß reichlich bemessen sein, damit sie nicht zu sehr abkühlt, sehr kalte Eier in lauwarmem Wasser vorwärmen, damit die Schalen beim Einlegen in das kochende Wasser nicht platzen die fertigen Eier kurze Zeit in kaltes Wasser legen, damit sie nicht nachhärten und sich später besser pellen lassen
Kochzeit:	Weiche Eier 3-4 Minuten, pflaumenweiche Eier 4-5 Minuten, harte Eier 8-10 Minuten.

Spiegeleier

(Abb. unten)

1-2 Eßl. Butter oder Margarine	zerlassen
6 Eier	vorsichtig aufschlagen, nebeneinander in das Fett gleiten lassen, mit
Salz	bestreuen, so lange erhitzen, bis sie fest sind
Bratzeit:	Etwa 5 Minuten.
Veränderung:	Die Eier auf einen Teller schlagen, auf Wasserdampf gerinnen lassen.
Beilage:	Gebratener Fleischkäse.

Soleier

Frische Eier	hart kochen, ringsherum die Schale leicht anknicken die Eier mindestens 24 Stunden in so stark
gesalzenes Wasser	geben, daß sie darin schwimmen die Eier können 6-8 Tage darin aufgehoben werden
Kochzeit:	10 Minuten.

Gestürzte Eier

60 g gekochten Schinken	fein schneiden, mit
40 g geriebenem Käse, z. B. Gouda	mischen 4 Tassen oder Förmchen gut mit
10 g Butter oder Margarine	ausstreichen
4 Eier	aufschlagen, in jede Tasse 1 Ei geben, die Schinken-Käsemasse darauf füllen die Förmchen mit Alufolie abdecken, in heißes, aber nicht kochendes Wasser stellen, stocken lassen
gewaschene Salatblätter	auf einer Platte anrichten, die Eier daraufstürzen, mit
Tomatenachteln	garnieren
Gerinnungszeit:	Etwa 30 Minuten.

Würzige Eier in Senf-Soße

(Abb. rechts)

	4 feuerfeste Förmchen gut mit
Margarine	einfetten, von
8 Eiern	jeweils 2 Eier in ein Förmchen aufschlagen
75 g mageren Speck	in Würfel schneiden, über die Eier geben, mit
Salz	
Pfeffer	bestreuen
2 Eßl. geschnittenen Schnittlauch	auf die Förmchen verteilen, auf dem Rost in den Backofen geben
Garzeit:	Etwa 25 Minuten
200 ml (¼ l) Schlagsahne	in einem Topf auf die Hälfte einkochen lassen, mit Salz,
2 Teel. Senf	verrühren
	die Eier vom Rand der Förmchen lösen, auf eine Platte geben, mit
Petersilie	garnieren, die Soße dazureichen.

Verlorene Eier

1 l Wasser	mit
2 Eßl. Essig	zum Kochen bringen
6 Eier	einzeln in einer Kelle aufschlagen, vorsichtig in das kochende Wasser geben (bei Gas die Flamme klein stellen, bei Strom die Kochplatte auf Stufe 0 schalten)
	die garen Eier mit einem Schaumlöffel herausnehmen, kurz in kaltes Wasser halten, ringsherum zu einer hübschen Form beschneiden
Kochzeit:	3-4 Minuten.

Gefüllte Eier

4 hartgekochte Eier	pellen, halbieren, Eigelb zerdrükken, mit
1-2 Packungen Kräuter-Frischkäse (200 g)	gut verrühren
1-2 Eßl. Kapern	abtropfen lassen, kleinhacken, mit
etwas Dosenmilch	unter den Frischkäse rühren, mit
Salz, Pfeffer	abschmecken
	die Masse mit einem Spritzbeutel in die ausgehöhlten Eihälften füllen für die evtl. übrigbleibende Füllung
1-2 Tomaten	waschen, abtrocknen, über Kreuz einschneiden, das Innere der Tomaten aushöhlen, die Käsemasse hineingeben, die Tomaten mit den Eiern auf
gewaschenen Salatblättern	anrichten.

Rührei mit Schnittlauch

6 Eier	mit
4 Eßl. Milch	
Salz	verschlagen
1 Eßl. feingeschnittenen Schnittlauch	dazugeben
2 Eßl. Butter	zerlassen, die Eiermilch hineingeben sobald die Masse zu stocken beginnt, sie mit einem Löffel strichweise vom Boden der Pfanne losrühren, so lange weiter erhitzen, bis keine Flüssigkeit mehr vorhanden ist Rührei muß weich und großflockig, aber nicht trocken sein
Gerinnungszeit:	Etwa 5 Minuten.

Rührei mit Schinkenspeck

6 Eier	mit
6 Eßl. Milch	
Salz	verschlagen
75 g Schinkenspeck	in kleine Würfel schneiden, auslassen, wenn er hellgelb ist, die Eiermilch dazugeben sobald die Masse zu stocken beginnt, sie mit einem Löffel strichweise vom Boden der Pfanne losrühren, so lange weiter erhitzen, bis keine Flüssigkeit mehr vorhanden ist Rührei muß weich und großflockig, aber nicht trocken sein
Gerinnungszeit:	Etwa 5 Minuten.

Spiegeleier auf Schinkenspeck
(Abb. oben)

40 g Schinken-speckscheiben	ausbraten
6 Eier	vorsichtig aufschlagen, nebeneinander auf die Schinkenspeckscheiben gleiten lassen, mit
Salz	bestreuen, die Eier so lange erhitzen, bis sie fest sind
Bratzeit:	Etwa 5 Minuten.
Beilage:	Graubrot.

Rührei mit Tomaten

6 Eier	mit
6 Eßl. Milch	
Salz	verschlagen
45 g Margarine	in einer Stielpfanne zerlassen, die Eiermilch hineingeben, etwas stocken lassen
3 Tomaten	waschen, die Stengelansätze herausschneiden, die Tomaten in Scheiben schneiden, in das halbfertige Rührei legen das Rührei strichweise vom Boden der Pfanne losrühren, so lange weiter erhitzen, bis keine Flüssigkeit mehr vorhanden ist Rührei muß weich und großflockig, aber nicht trocken sein
Gerinnungszeit:	Etwa 5 Minuten.

Eier im Glas
(1 Portion)

2 Eier	in
kochendes Wasser	geben, zum Kochen bringen, 2-3 Minuten kochen lassen die Eier kurz in kaltes Wasser legen, damit sie nicht nachhärten, pellen die gepellten Eier in ein hohes Glas geben, mit
Salz, Pfeffer	servieren.

Rührei mit Flocken

Abb. unten)

4 Eier	mit
4 Eßl. Milch Salz 4 Eßl. Instant Haferflocken	verschlagen
1-2 Eßl. Butter oder Margarine	in einer Pfanne zerlassen, die Eiermasse hineingeben sobald die Masse zu stocken beginnt, sie mit einem Löffel strichweise vom Boden der Pfanne losrühren, so lange weiter erhitzen, bis keine Flüssigkeit mehr vorhanden ist Rührei muß weich und großflockig, aber nicht trocken sein das Rührei auf
4 Graubrotscheiben	anrichten, mit
1 Eßl. feingeschnittenem Schnittlauch 100 g rohen Schinkenwürfeln	bestreuen
Gerinnungszeit:	Etwa 5 Minuten.

Eierkuchen mit Schinkenspeck

250 g Weizenmehl	mit
1 gestrichenen Teel. Backpulver	mischen, in eine Schüssel sieben, in die Mitte eine Vertiefung eindrücken
3 Eier	mit
Salz 500 ml (½ l) Milch	verschlagen, etwas davon in die Vertiefung geben, von der Mitte aus Eiermilch und Mehl verrühren, nach und nach die übrige Eiermilch dazugeben, darauf achten, daß keine Klumpen entstehen, etwas von
6 Eßl. Speiseöl	in einer Stielpfanne erhitzen, etwas von
200 g Schinkenspeck in Scheiben	darin bräunlich braten, eine dünne Lage Eierkuchenteig daraufgeben, von beiden Seiten goldgelb backen, bevor der Eierkuchen gewendet wird, etwas Speiseöl in die Pfanne geben, die fertigen Eierkuchen einen nach dem anderen auf eine vorgewärmte runde Platte gleiten lassen.

Omelett mit Champignon-Füllung

(2 Portionen - Abb. unten)

	Für die Füllung
500 g Champignons	putzen, waschen, in Scheiben schneiden
100 g durchwachsenen Speck	in Würfel schneiden, zusammen mit
1 Eßl. Butter	auslassen, die Champignons darin andünsten, mit
Salz	
frisch gemahlenem weißem Pfeffer	würzen, gardünsten lassen
2 gestrichene Teel. Speisestärke	mit
2 Eßl. kaltem Wasser	anrühren, die Champignons damit binden, mit Salz, Pfeffer abschmecken
2 Eßl. gehackte Petersilie	unterrühren, warmstellen
	für das Omelett
3 Eier	mit
Salz	
2 Eßl. Milch	verschlagen
30 g Butter oder Margarine	in einer nicht zu kleinen Stielpfanne zerlassen, die Eier hineingeben (evtl. 2 Omeletts backen), Pfanne mit einem Deckel schließen, bei schwacher Hitze langsam gerinnen lassen, die untere Seite muß bräunlich gebacken sein, die obere weich bleiben das Omelett mit der Füllung bestreichen, zusammenklappen, auf einer vorgewärmten Platte anrichten das Omelett erst kurz vor dem Anrichten zubereiten
Backzeit:	Etwa 5 Minuten.
Beigabe:	Knackig-frischer Blattsalat.

Crêpes mit Geflügelfüllung

(12 Stück)

	Für den Teig
125 g Weizenmehl	in eine Schüssel sieben, in die Mitte eine Vertiefung eindrücken
2 Eier	mit
Salz	
125 ml (1/8 l) Milch	
125 ml (1/8 l) Schlagsahne	verschlagen, etwas davon in die Vertiefung geben, von der Mitte

aus Eier-Milch-Sahne und Mehl verrühren, nach und nach die übrige Eier-Milch-Sahne dazugeben, darauf achten, daß keine Klumpen entstehen, den Teig etwa 30 Minuten stehenlassen

für die Füllung

375 g Hähnchenbrustfilet waschen, abtrocknen, in dünne Streifen schneiden, mit Salz,

Paprika edelsüß
Currypulver würzen
1 Eßl. Weizenmehl darüberstäuben
1 Eßl. Butterschmalz erhitzen, die Fleischstreifen unter häufigem Wenden etwa 3 Minuten darin braten

1 Becher (150 g) Crème fraîche
4-6 Eßl. Weißwein unterrühren, 1-2 Minuten durchschmoren lassen, mit Salz, Currypulver abschmecken
2 Bananen schälen, in Scheiben schneiden, zu dem Fleisch geben, kurz miterhitzen, die Füllung warm stellen, etwas von

40 g Butterschmalz in einer kleinen Stielpfanne erhitzen, eine sehr dünne Teiglage hineingeben, von beiden Seiten goldgelb backen, bevor die Crêpe gewendet wird, etwas Fett in die Pfanne geben, die übrigen Crêpes auf die gleiche Weise zubereiten auf jede Crêpe 1-2 Eßl. von der Füllung geben, aufrollen.

Eierauflauf

(Omelette soufflée - Abb. oben)

4 Eier mit
100 g Zucker schaumig schlagen
4 Eiweiß steifschlagen, auf die Eigelbcreme geben
20 g Speisestärke darauf sieben, alles vorsichtig unter die Eigelbcreme ziehen (nicht rühren), die Masse in eine mit

10 g Butter oder Margarine gefettete ovale, flache Auflaufform geben, auf dem Rost in den Backofen schieben
Strom: 175-200
Gas: 2-3
Backzeit: 25-30 Minuten
den Auflauf nach dem Backen mit
20 g Puderzucker bestäuben, sofort servieren.

Gefüllte Maismehl-Pfannkuchen

	Für den Teig
150 g Maismehl	in eine Schüssel sieben, in die Mitte eine Vertiefung eindrücken
3 Eier	mit
Salz, 1 Teel. Zucker	
500 ml (½ l) Milch	verschlagen, etwas davon in die Vertiefung geben, von der Mitte aus Eiermilch und Mehl verrühren, nach und nach die übrige Eiermilch dazugeben, darauf achten, daß keine Klumpen entstehen, den Teig 1-2 Stunden stehenlassen
	für die Füllung
250 g Salami	in Würfel schneiden
250 g Gouda-Käse	grob reiben
300 g gekochte, heiße Erbsen	
	etwas von
6 Eßl. Speiseöl	in einer Stielpfanne erhitzen, eine dünne Teiglage hineingeben, von beiden Seiten goldgelb backen, bevor der Eierkuchen gewendet wird, etwas Speiseöl in die Pfanne geben, die übrigen Eierkuchen auf die gleiche Weise zubereiten, jeweils auf eine Eierkuchenhälfte etwas von der Füllung geben, die andere Eierkuchenhälfte darüberklappen, die Eierkuchen auf einer vorgewärmten Platte anrichten.

Kräuter-Pfannkuchen mit Quarkcreme

(Abb. unten)

	Für die Quarkcreme
250 g Magerquark	mit
etwa 4 Eßl. Sahne oder Milch	gut verrühren
1 Teel. geriebenen Meerrettich (aus dem Glas)	
3 Eßl. Instant Haferflocken	
1-2 Eßl. feingeschnittenen Schnittlauch	unterrühren, die Quarkcreme mit
Salz	abschmecken
	für die Kräuter-Pfannkuchen
150 g Weizenmehl	in eine Schüssel sieben, mit
2 Eßl. Kernigen Haferflocken	mischen, in die Mitte eine Vertiefung eindrücken
3 Eier	mit
250 ml (¼ l) Mineralwasser	verschlagen, etwas davon in die Vertiefung geben, von der Mitte aus Eierflüssigkeit und Mehl-Haferflocken-Mischung verrühren, nach und nach die übrige Eierflüssigkeit dazugeben, darauf achten, daß keine Klumpen entstehen, etwa 1 Stunde quellen lassen

50 g geriebenen Käse	
2 Eßl. gemischte, gehackte Kräuter	unter den Teig rühren
1 Zwiebel	abziehen, in feine Würfel schneiden, hinzufügen, den Teig mit
Salz	abschmecken, etwas von
4 Eßl. Speiseöl	in einer Pfanne erhitzen, eine dünne Teiglage darin von beiden Seiten goldgelb backen, bevor der Pfannkuchen gewendet wird, etwas Speiseöl in die Pfanne geben, den fertigen Pfannkuchen warm stellen, den restlichen Teig auf die gleiche Weise verarbeiten, die Pfannkuchen mit der Quarkcreme servieren, mit
Brunnenkresse	garnieren.

Eierkuchen, goldgelb

250 g Weizenmehl	mit
2 gestrichenen Teel. Backpulver	mischen, in eine Schüssel sieben, in die Mitte eine Vertiefung eindrücken
3 Eier	mit
Zucker, Salz	
500 ml (½ l) Milch	verschlagen, etwas davon in die Vertiefung geben, von der Mitte aus Eiermilch und Mehl verrühren, nach und nach die übrige Eiermilch dazugeben, darauf achten, daß keine Klumpen entstehen, etwas von
6 Eßl. Speiseöl	in einer Stielpfanne erhitzen, eine dünne Teiglage hineingeben, von beiden Seiten goldgelb backen bevor der Eierkuchen gewendet wird, etwas Speiseöl in die Pfanne geben, nach Belieben die Eierkuchen mit
Erdbeer-Konfitüre	füllen, mit
angeschlagener Sahne	übergießen.

Buchweizen-Pfannkuchen

250 g Buchweizenmehl	in eine Schüssel geben
500 ml (½ l) lauwarmes Wasser	hinzufügen, etwa 1 Stunde quellen lassen
3 Eigelb	mit
1 Teel. Zucker	unterrühren
2 Eiweiß	steifschlagen, unter den Teig heben, etwas von
50 g Butterschmalz	in einer Stielpfanne erhitzen 2-3 Eßl. von dem Teig hineingeben, von beiden Seiten goldgelb backen bevor der Pfannkuchen gewendet wird, etwas Schmalz in die Pfanne geben die übrigen Pfannkuchen auf die gleiche Weise zubereiten.

Eierkuchen mit Äpfeln

(Abb. oben)

1 kg mürbe Äpfel	schälen, vierteln, entkernen, in Scheiben schneiden
	für den Teig
250 g Weizenmehl	mit
2 gestrichenen Teel. Backpulver	mischen, in eine Schüssel sieben, in die Mitte eine Vertiefung eindrücken
3 Eier	mit
Salz, Zucker	
500 ml (½ l) Milch	verschlagen, etwas davon in die Vertiefung geben, von der Mitte aus Eiermilch und Mehl verrühren, nach und nach die übrige Eiermilch dazugeben, darauf achten, daß keine Klumpen entstehen etwas von
6 Eßl. Speiseöl	in einer Stielpfanne erhitzen, eine dünne Teiglage hineingeben, einen Teil der Äpfel darauflegen, den Eierkuchen von beiden Seiten goldgelb backen bevor der Eierkuchen gewendet wird, etwas Speiseöl in die Pfanne geben die fertigen Eierkuchen mit
Zucker	bestreuen.

Schaumomelett mit Quarkfüllung

(2 Portionen - Abb. oben)

	Für die Füllung
250 g Erdbeeren	waschen, abtropfen lassen, entstielen, halbieren
250 g Speisequark	mit
25 g Zucker	
1 Päckchen Vanillin-Zucker	
1 Eßl. Zitronensaft	verrühren
125 ml (⅛ l) Schlagsahne	steifschlagen, unter den Quark heben, zuletzt ⅔ der Erdbeeren darunterheben
	für das Omelett
3 Eigelb	mit
abgeriebener Schale von ½ Zitrone (unbehandelt)	
30 g Zucker	schaumig schlagen
3 Eiweiß	steifschlagen, auf die Eigelbcreme geben
1 schwach gehäuften Teel. Speisestärke	darübersieben, beides unter die Eigelbcreme heben
30 g Butter	in einer nicht zu kleinen Stiel-

	pfanne zerlassen, den Teig hineingeben (evtl. 2 Omeletts backen), Pfanne mit einem Deckel schliessen, den Teig bei schwacher Hitze von unten goldgelb backen, das Omelett mit der Füllung bestreichen, zusammenklappen, auf einer Platte anrichten, mit den restlichen Erdbeeren garnieren
Backzeit:	Etwa 10 Minuten.

Buttermilch-Pfannkuchen

250 g Weizenmehl	in eine Schüssel geben, in die Mitte eine Vertiefung eindrücken
5 Eier	mit
1 Teel. Zucker, Salz	
abgeriebener Schale von 1 Zitrone (unbehandelt)	
500 ml (½ l) Buttermilch	und etwas von
125 ml (⅛ l) Wasser	verschlagen, in die Vertiefung geben, von der Mitte aus Eierflüssigkeit und Mehl verrühren, nach und nach das übrige Wasser hinzugießen, darauf achten, daß keine Klumpen entstehen, etwas von
50 g Butterschmalz	in einer Stielpfanne erhitzen, eine dünne Teiglage hineingeben, den Pfannkuchen von beiden Seiden goldbraun backen, bevor der Pfannkuchen gewendet wird, etwas Fett in die Pfanne geben, die übrigen Pfannkuchen auf die gleiche Weise zubereiten.
Beigabe:	Zucker und Zimt, Kompott.

Schaumomelett

3 Eigelb	mit
abgeriebener Schale von ½ Zitrone (unbehandelt)	
1½ Eßl. Zitronensaft	
30 g Zucker	schaumig schlagen
3 Eiweiß	steifschlagen, auf die Eigelbcreme geben
1 gehäuften Teel. Speisestärke	darübersieben, beides unter die Eigelbcreme heben
Butter	in einer nicht zu kleinen Stielpfanne erhitzen, den Teig hineingeben (evtl. 2 Omletts backen), Pfanne mit einem Deckel schließen, den Teig von unten goldgelb backen das Omelett zur Hälfte übereinanderklappen oder es vorher mit
Preiselbeer-Kompott	füllen, mit
gesiebtem Puderzucker	bestäuben
Backzeit:	Etwa 10 Minuten.

Zimt-Eierkuchen mit Ahornsirup

200 g Weizenmehl	mit
1 gestrichenen Teel. Backpulver	mischen, in eine Schüssel sieben, in die Mitte eine Vertiefung eindrücken
4 Eier	mit
500 ml (½ l) Milch	
2 Teel. Zucker, Salz	
1 gehäuften Teel. gemahlenem Zimt	verschlagen, etwas davon in die Vertiefung geben, von der Mitte aus Eiermilch und Mehl verrühren, nach und nach die übrige Eiermilch,
30 g zerlassene Butter	dazugeben, darauf achten, daß keine Klumpen entstehen, den Teig etwa 30 Minuten stehenlassen, etwas von
50 g Butterschmalz	in einer Stielpfanne erhitzen, eine dünne Teiglage hineingeben, von beiden Seiten goldgelb backen, bevor der Eierkuchen gewendet wird, etwas Fett in die Pfanne geben, die übrigen Eierkuchen auf die gleiche Weise zubereiten, mit
Ahornsirup	servieren.

Holunderblüten-Pfannkuchen

(Abb. unten)

200 g Weizenmehl	in eine Schüssel sieben, mit
100 g Instant Haferflocken	vermengen, in die Mitte eine Vertiefung eindrücken
500 ml (½ l) Milch	mit
4 Eiern	
½ Teel. Salz	verschlagen, etwas davon in die Vertiefung geben, von der Mitte aus Flüssigkeit und Mehl-Haferflocken-Mischung verrühren, nach und nach die übrige Flüssigkeit dazugeben, darauf achten, daß keine Klumpen entstehen, etwa 15 Minuten stehenlassen
8 Holunderdolden	waschen, trockentupfen, die Stengel dicht an der Blüte abschneiden
Butterschmalz	in einer Stielpfanne erhitzen, eine dünne Teiglage hineingeben, die Blüten einer Holunderdolde darüberstreuen, etwas eindrücken, den Pfannkuchen von beiden Seiten goldgelb backen, die übrigen Pfannkuchen auf die gleiche Weise zubereiten, mit
Zucker	bestreut servieren.

Gehören auf jeden Frühstückstisch: Marmeladen und Gelees

Pampelmusen-Marmelade mit Pfiff

(Abb. unten)

500 g Pampelmusen mit rosa Fruchtfleisch (vorbereitet gewogen) vorbereiten: Pampelmusen schälen, in Spalten teilen, enthäuten, kleinschneiden, wiegen (500 g)

300 g Blutorangen (vorbereitet gewogen) vorbereiten: Blutorangen schälen, enthäuten, in kleine Stücke schneiden, wiegen (300 g)
die Früchte mit

1 Teel. Zitronensäure
1 Päckchen Vanillin-Zucker
1 Messerspitze Kardamom
1 Messerspitze gemahlenem Zimt verrühren
die weitere Verarbeitung mit

1 Beutel Gelierpulver
1000 g (1 kg) Zucker erfolgt nach den auf Seite 183 angegebenen Regeln zur Herstellung von Marmelade
Einfüllen der Marmelade und Verschließen der Gläser s. S. 184.

Nektarinen-Konfitüre

900 g Nektarinen (vorbereitet gewogen) vorbereiten: Nektarinen waschen, gut abtropfen lassen, halbieren entsteinen, in kleine Stücke schneiden, wiegen (900 g)
die weitere Verarbeitung mit

1 Beutel Gelierpulver
1000 g (1 kg) Zucker erfolgt nach den auf Seite 183 angegebenen Regeln zur Herstellung von Konfitüre
Einfüllen der Konfitüre und Verschließen der Gläser s. S. 184.

Birnen-Konfitüre mit Birnengeist

(Abb. rechts)

1000 g (1 kg) Birnen (vorbereitet gewogen) vorbereiten: Birnen waschen, schälen, halbieren, entkernen, mit einer Rohkostreibe grob raspeln, wiegen (1000 g)
die weitere Verarbeitung mit

1 Beutel Gelierpulver
2 Eßl. Zitronensaft
1000 g (1 kg) Zucker erfolgt nach den auf Seite 183 angegebenen Regeln zur Herstellung von Konfitüre
zum Schluß

4 Eßl. Birnengeist dazugeben, verrühren
Einfüllen der Konfitüre und Verschließen der Gläser s. S. 184.

Papaya-Himbeer-Konfitüre

(Abb. oben)

900 g reife Papayas (vorbereitet gewogen)	vorbereiten: Papayas schälen, halbieren, entsteinen, in kleine Stücke schneiden, wiegen (900 g)
100 g Himbeeren (vorbereitet gewogen)	vorbereiten: Himbeeren sorgfältig verlesen, evtl. entstielen, wiegen (100 g), die weitere Verarbeitung mit
1 Packung (500 g) Extra Gelier-Zucker	erfolgt nach den auf Seite 184 angegebenen Regeln zur Herstellung von Konfitüre mit Extra Gelier-Zucker Einfüllen der Konfitüre und Verschließen der Gläser s. S. 184.
Tip:	Empfehlenswert ist es, Konfitüren, Marmeladen und Gelees einzufrieren. Die gekochte Konfitüre wird in Kunststoff-Behälter (Quarktöpfchen o. ä.) abgefüllt, nach dem Erkalten mit dem Deckel bedeckt, beschriftet und in die Tiefkühltruhe gestellt. Vorteil: Eingefrorene Konfitüren (Marmeladen), Gelees haben eine längere Haltbarkeit als Konfitüren, die in Gläsern aufbewahrt werden.

Brombeer-Konfitüre

1250 g (1¼ kg) Brombeeren (vorbereitet gewogen)	vorbereiten: Brombeeren verlesen, entstielen, vorsichtig waschen, gut abtropfen lassen, wiegen (1250 g), die Früchte zerdrücken, am besten mit einem Stampfer die weitere Verarbeitung mit
1 Beutel Gelierpulver 1375 g (1⅜ kg) Zucker	erfolgt nach den auf Seite 183 angegebenen Regeln zur Herstellung von Konfitüre
Doppelkochung: 2250 g (2¼ kg) Brombeeren (vorbereitet gewogen)	Brombeeren wie oben vorbereiten die weitere Verarbeitung mit
2 Beuteln Gelierpulver 2500 g (2½ kg) Zucker	erfolgt nach den angegebenen Regeln zur Herstellung von Konfitüre Einfüllen der Konfitüre und Verschließen der Gläser s. S. 184.

Zitronen-Marmelade

Etwa 15 mittelgroße Zitronen (davon 6 unbehandelt) waschen, abtrocknen, die unbehandelten 6 Früchte dünn schälen (die geschälten Zitronen zudecken, kalt stellen)
die Schalen mit

Salzwasser (auf je 125 ml = 1/8 l Wasser 1 Messerspitze Salz) bedecken, 12 Stunden an einem kühlen Ort stehenlassen, das Salzwasser abgießen, die Schalen, mit frischem Wasser bedeckt, im geschlossenen Topf zum Kochen bringen,
15 Minuten kochen lassen, die Zitronenschalen mit einem Schaumlöffel aus dem Kochwasser nehmen, in feine Streifen schneiden, die übrigen Zitronen ebenfalls dünn schälen, von allen Früchten die weiße Haut sorgfältig entfernen
das Fruchtfleisch in kleine Stücke schneiden, mit den Schalen wiegen (600 g) mit dem Kochwasser auf 900 g ergänzen, die weitere Verarbeitung mit

1 Beutel Gelierpulver
1000 g (1 kg) Zucker erfolgt nach den auf Seite 183 angegebenen Regeln zur Herstellung von Marmelade
Einfüllen der Marmelade und Verschließen der Gläser s. S. 184.

Veränderung: Für eine weniger herbe Marmelade die Zitronenschalen kochen wie obenstehend beschrieben, aber nicht mitverwenden, also nur die Fruchtstückchen mit dem Kochwasser auf 900 g ergänzen.

Mango-Konfitüre

1000 g (1 kg) reife Mangos (vorbereitet gewogen) vorbereiten: Mangos schälen, das Fruchtfleisch vom Stein lösen, in kleine Stücke schneiden, wiegen (1000 g)

5 Eßl. Cidre, lieblich hinzufügen
die weitere Verarbeitung mit

1 Packung (500 g) Extra Gelier-Zucker erfolgt nach den auf Seite 184 angegebenen Regeln zur Herstellung von Konfitüre mit Extra Gelier-Zucker
zum Schluß

3 Eßl. Zitronensaft unterrühren
Einfüllen der Konfitüre und Verschließen der Gläser s. S. 184.

Rhabarber-Ingwer-Konfitüre

(Abb. unten)

1000 g (1 kg) Rhabarber (vorbereitet gewogen) vorbereiten: Rhabarber waschen, abtrocknen (nicht abziehen), in ganz kleine Stücke schneiden, wiegen (1000 g)
die weitere Verarbeitung mit

1 Beutel Gelierpulver
1 Teel. feingewürfelter Ingwerwurzel
1125 g (1 1/8 kg) Zucker erfolgt nach den auf Seite 183 angegebenen Regeln zur Herstellung von Konfitüre
Einfüllen der Konfitüre und Verschließen der Gläser s. S. 184.

Tip: Nach Belieben 2-3 Eßl. Weinbrand unter die fertige Konfitüre rühren.

Brombeer-Apfel-Gelee

(Abb. unten)

1000 g (1 kg) Brombeeren (vorbereitet gewogen)	vorbereiten: Brombeeren verlesen, entstielen, vorsichtig waschen, wiegen (1000 g) die Früchte in einen Kochtopf geben, zerdrücken, am besten mit einem Stampfer, mit
125 ml (⅛ l) Wasser	unter Rühren bis kurz vor dem Kochen erhitzen (nicht kochen) damit der Saft ablaufen kann, den Fruchtbrei auf ein gespanntes Safttuch geben, nach dem Erkalten kräftig auspressen
1250 g (1¼ kg) säuerliche Äpfel (vorbereitet gewogen)	vorbereiten: Äpfel waschen, von Blüte, Stiel und schlechten Stellen befreien, halbieren, entkernen, in kleine Stücke schneiden, wiegen (1250 g), die Früchte in einen Kochtopf geben, mit
250 ml (¼ l) Wasser	im geschlossenen Topf zum Kochen bringen, weichkochen lassen damit der Saft ablaufen kann, den Fruchtbrei auf ein gespanntes Safttuch geben (den Fruchtbrei nicht auspressen) oder den Saft der beiden Fruchtsorten mit einem Dampfentsafter aus den im Rezept angegebenen Fruchtmengen - aber ohne Wasserzugabe - gewinnen
Brombeer- und Apfelsaft	zusammengießen und 1½ l abmessen die weitere Verarbeitung mit
1 Beutel Gelierpulver 1500 g Zucker	erfolgt nach den auf Seite 183 angegebenen Regeln zur Herstellung von Gelee.

Mirabellen-Konfitüre

1125 g (1⅛ kg) Mirabellen (vorbereitet gewogen)	vorbereiten: Mirabellen waschen, gut abtropfen lassen, entsteinen, in kleine Stücke schneiden oder durch den Fleischwolf drehen, wiegen (1125 g) die weitere Verarbeitung mit
1 Beutel Gelierpulver 1125 g (1⅛ kg) Zucker	erfolgt nach den auf Seite 183 angegebenen Regeln zur Herstellung von Konfitüre
Doppelkochung: 1875 g (1⅞ kg) Mirabellen (vorbereitet gewogen)	Mirabellen wie oben vorbereiten die weitere Verarbeitung mit
2 Beuteln Gelierpulver 1875 g (1⅞ kg) Zucker	erfolgt nach den auf Seite 183 angegebenen Regeln zur Herstellung von Konfitüre Einfüllen der Konfitüre und Verschließen der Gläser s. S. 184.

Sauerkirsch-Konfitüre

900 g Sauerkirschen (vorbereitet gewogen)	vorbereiten: Sauerkirschen waschen, gut abtropfen lassen, entstielen, entsteinen, wiegen (900 g) die weitere Verarbeitung mit
1 Beutel Gelierpulver 1000 g (1 kg) Zucker	erfolgt nach den auf Seite 183 angegebenen Regeln zur Herstellung von Konfitüre Einfüllen der Konfitüre und Verschließen der Gläser s. S. 184.

Pflaumen-Konfitüre mit Wodka

750 g (3/4 kg) gelbe Pflaumen (vorbereitet gewogen)	vorbereiten: Pflaumen waschen, gut abtropfen lassen, halbieren, entsteinen, in kleine Stücke schneiden, wiegen (750 g) die weitere Verarbeitung mit
1 Beutel Gelierpulver 750 g (3/4 kg) Zucker	erfolgt nach den auf S. 183 angegebenen Regeln zur Herstellung von Konfitüre zum Schluß
4 Eßl. Wodka	unterrühren Einfüllen der Konfitüre und Verschließen der Gläser s. S. 184.

Preiselbeer-Konfitüre

(Abb. links)

1250 g (1 1/4 kg) Preiselbeeren (vorbereitet gewogen)	vorbereiten: Preiselbeeren verlesen, waschen, gut abtropfen lassen, mit
250 ml (1/4 l) Wasser	in einen Kochtopf (Durchmesser 24 cm) geben, im geschlossenen Topf zum Kochen bringen, 15 Minuten ziehen lassen, den Fruchtbrei abkühlen lassen, lauwarm verwenden die weitere Verarbeitung mit
1 Beutel Gelierpulver 1250 g (1 1/4 kg) Zucker	erfolgt nach den auf S. 183 angegebenen Regeln zur Herstellung von Konfitüre Einfüllen der Konfitüre und Verschließen der Gläser s. S. 184.

Heidelbeer-Konfitüre

(Bickbeeren, Blaubeeren)

1000 g (1 kg) Heidelbeeren (vorbereitet gewogen)	vorbereiten: Heidelbeeren verlesen, waschen, gut abtropfen lassen, wiegen (1000 g) die Früchte zerdrücken, am besten mit einem Stampfer die weitere Verarbeitung mit
1 Beutel Gelierpulver 875 g (7/8 kg) Zucker	erfolgt nach den auf S. 183 angegebenen Regeln zur Herstellung von Konfitüre Einfüllen der Konfitüre und Verschließen der Gläser s. S. 184.

Pfirsich-Gelee

750 ml (3/4 l) Pfirsichsaft 1 Packung (500 g) Extra Gelier-Zucker	nach den auf Seite 184 angegebenen Regeln zur Herstellung von Gelee mit Extra Gelier-Zucker zubereiten zum Schluß
2 Eßl. Apricot Brandy 1 Eßl. Zitronensaft	unterrühren Einfüllen des Gelees und Verschließen der Gläser s. S. 184.

Rhabarber-Gelee

(Abb. oben)

1250 g (1¼ kg) Rhabarber (vorbereitet gewogen)	vorbereiten: Rhabarber waschen, abtrocknen (nicht abziehen), in ganz kleine Stücke schneiden, wiegen (1250 g), mit
375 ml (⅜ l) Wasser	bis kurz vor dem Kochen erhitzen, 5 Minuten im geschlossenen Topf ziehen lassen damit der Saft ablaufen kann, den Fruchtbrei auf ein gespanntes Safttuch geben, nach dem Erkalten kräftig auspressen oder den Saft mit einem Dampfentsafter aus der oben angegebenen Fruchtmenge - aber ohne Wasserzugabe - gewinnen die weitere Verarbeitung mit
800 ml Saft 1 Beutel Gelierpulver 1000 g (1 kg) Zucker	erfolgt nach den auf Seite 183 angegebenen Regeln zur Herstellung von Gelee.

Aprikosen-Bananen-Konfitüre

750 g (¾ kg) Aprikosen (vorbereitet gewogen)	vorbereiten: Aprikosen waschen, gut abtropfen lassen, halbieren, entsteinen, in kleine Stücke schneiden, wiegen (750 g)
250 g (¼ kg) Bananen (vorbereitet gewogen)	vorbereiten: Bananen schälen, längs halbieren, in Scheiben schneiden, wiegen (250 g), zu den Aprikosen geben
Schale von ½ Zitrone (unbehandelt) 2 Gewürznelken 1 Messerspitze gemahlenen Kardamom 1 Messerspitze gemahlene Muskatblüte	unterrühren, die weitere Verarbeitung mit
1 Beutel Gelierpulver 1125 g (1⅛ kg) Zucker	erfolgt nach den auf Seite 183 angegebenen Regeln zur Herstellung von Konfitüre, zum Schluß die Zitronenschale herausnehmen Einfüllen der Konfitüre und Verschließen der Gläser s. S. 184.

Himbeer-Gelee

1250 g (1¼ kg) Himbeeren (vorbereitet gewogen)	vorbereiten: Himbeeren sorgfältig verlesen, evtl. entstielen, wiegen (1250 g) die Früchte in einen Kochtopf geben, zerdrücken, am besten mit einem Stampfer, mit
125 ml (⅛ l) Wasser	unter Rühren bis kurz vor dem Kochen erhitzen (nicht kochen) damit der Saft ablaufen kann, den Fruchtbrei auf ein gespanntes Safttuch geben, nach dem Erkalten kräftig auspressen oder den Saft mit einem Dampfentsafter aus der oben angegebenen Fruchtmenge - aber ohne Wasserzugabe - gewinnen die weitere Verarbeitung mit
800 ml Saft 1 Beutel Gelierpulver 1000 g (1 kg) Zucker	erfolgt nach den auf Seite 183 angegebenen Regeln zur Herstellung von Gelee
Doppelkochung: 2000 g (2 kg) Himbeeren (vorbereitet gewogen) 250 ml (¼ l) Wasser	wie im Rezept angegeben verarbeiten die weitere Verarbeitung mit
1375 ml (1⅜ l) Saft 2 Beuteln Gelierpulver 1500 g (1½ kg) Zucker	erfolgt nach den auf Seite 183 angegebenen Regeln zur Herstellung von Gelee Einfüllen des Gelees und Verschließen der Gläser s. S. 184.

Pfirsich-Konfitüre mit Zitronenmelisse

850 g Pfirsiche (vorbereitet gewogen)	vorbereiten: Pfirsiche waschen, gut abtropfen lassen, halbieren, entsteinen, in kleine Stücke schneiden, wiegen (850 g)
½ Teel. gehackte Zitronenmelisse	unterrühren die weitere Verarbeitung mit
1 Beutel Gelierpulver 1000 g (1 kg) Zucker	erfolgt nach den auf Seite 183 angegebenen Regeln zur Herstellung von Konfitüre
2–3 Eßl. weißen Rum	unterrühren Einfüllen der Konfitüre und Verschließen der Gläser s. S. 184.

Zitrus-Marmelade

(Abb. unten)

200 g Mandarinen (3 Mandarinen)	schälen, die Spalten halbieren, mit
2 Eßl. Orangenlikör	begießen, ½ Stunde ziehen lassen
4 Apfelsinen 2 Grapefruits 3 Zitronen	die Früche waschen, abtrocknen, schälen, enthäuten, wiegen (500 g Apfelsinen-, 500 g Grapefruit-, 250 g Zitronenfleisch), im Mixer zerkleinern, die Mandarinenstücke zufügen die weitere Verarbeitung mit
1 Beutel Gelierpulver 1000 g (1 kg) Zucker	erfolgt nach den auf Seite 183 angegebenen Regeln zur Herstellung von Marmelade Einfüllen der Marmelade und Verschließen der Gläser s. S. 184.

Erdbeer-Kiwi-Konfitüre mit grünem Pfeffer

750 g (¾ kg) Erdbeeren (vorbereitet gewogen) vorbereiten: Erdbeeren waschen, gut abtropfen lassen, sorgfältig verlesen, entstielen, wiegen (750 g)

250 g (¼ kg) Kiwis (vorbereitet gewogen) vorbereiten: Kiwis dünn schälen, halbieren, in Scheiben schneiden, wiegen (250 g)
die Früchte mit

10 g (1 geh. Teel.) eingelegtem grünem Pfeffer in einen Kochtopf geben, vorsichtig zerdrücken, am besten mit einem Stampfer

Schale von ½ Zitrone (unbehandelt) unterrühren
die weitere Verarbeitung mit

1 Beutel Gelierpulver
1125 g (1⅛ kg) Zucker erfolgt nach den auf Seite 183 angegebenen Regeln zur Herstellung von Konfitüre, zum Schluß die Zitronenschale herausnehmen.

Stachelbeer-Bananen-Konfitüre

700 g Stachelbeeren (vorbereitet gewogen) vorbereiten: Stachelbeeren von Stiel und Blüte befreien, sorgfältig waschen, gut abtropfen lassen, vierteln, wiegen (700 g)

300 g Bananen (vorbereitet gewogen) vorbereiten: Bananen schälen, längs halbieren, in Scheiben schneiden, wiegen (300 g)
die weitere Verarbeitung mit

1 Packung (500 g) Extra Gelier-Zucker erfolgt nach den auf Seite 184 angegebenen Regeln zur Herstellung von Konfitüre mit Extra Gelier-Zucker zum Schluß

4 Eßl. Bananenlikör unterrühren.

Pflaumen- oder Zwetschenmus im Backofen

(Abb. rechts)

4-5 kg Pflaumen oder Zwetschen (vorbereitet gewogen) vorbereiten: Pflaumen (Zwetschen) waschen, gut abtropfen lassen, entsteinen, vierteln, wiegen (4-5 kg), die Früchte mit

400-500 g (etwa ½ kg) Zucker bergartig in eine Fettfangschale schichten, auf die mittlere Schiene in den vorgeheizten Backofen schieben

Strom: 175-200
Gas: Etwa 4
Garzeit: 3-4 Stunden

nach 15 Minuten Garzeit die Backofentür für die restliche Zeit einen Spalt öffnen
die Fruchtmasse ab und zu durchrühren, wieder bergartig anhäufen
nach 3-4 Stunden das Mus in einen Kochtopf geben, unter Rühren zum Kochen bringen, evtl. noch etwas einkochen lassen (Mus muß dickbreiig sein)
das Mus von der Kochstelle nehmen

etwa 1 Messerspitze gemahlene Gewürznelken
etwa ½ gestrichenen Teel. gemahlenen Zimt
knapp ½ gestrichenen Teel. Einmach-Hilfe unterrühren
Einfüllen des Muses und Verschließen der Gläser s. S. 184.

Herbsüße Himbeer-Orangen-Konfitüre mit Schuß

Abb. rechts)

Etwa 1000 g (1 kg) saftige Apfelsinen (6-7 Apfelsinen, davon 2 unbehandelt)	vorbereiten: die Apfelsinen waschen, abtrocknen, die beiden unbehandelten dünn abschälen und die Schale in feinste Streifen schneiden, die übrigen Früchte schälen, enthäuten, die Apfelsinenspalten in Stücke schneiden
250 g (¼ kg) Himbeeren (vorbereitet gewogen)	vorbereiten: Himbeeren sorgfältig verlesen, evtl. entstielen, wiegen (250 g) die weitere Verarbeitung mit
1 Beutel Gelierpulver 1125 g (1⅛ kg) Zucker	erfolgt nach den auf Seite 183 angegebenen Regeln zur Herstellung von Konfitüre zum Schluß
125 ml (⅛ l) Rotwein	hinzufügen Einfüllen der Konfitüre und Verschließen der Gläser s. S. 184.

Rhabarber-Pfirsich-Aprikosen-Konfitüre

500 g (½ kg) Rhabarber (vorbereitet gewogen)	vorbereiten: Rhabarber waschen, abtrocknen (nicht abziehen), in kleine Stücke schneiden, wiegen (500 g)
250 g (¼ kg) Pfirsiche (vorbereitet gewogen)	vorbereiten: Pfirsiche waschen, gut abtropfen lassen, halbieren, entsteinen, in kleine Stücke schneiden, wiegen (250 g)
250 g (¼ kg) Aprikosen (vorbereitet gewogen)	vorbereiten: Aprikosen waschen, gut abtropfen lassen, halbieren, entsteinen, in kleine Stücke schneiden, wiegen (250 g) die weitere Verarbeitung mit
1 Packung (500 g) Extra Gelier-Zucker	erfolgt nach den auf Seite 184 angegebenen Regeln zur Herstellung von Konfitüre mit Extra Gelier-Zucker Einfüllen der Konfitüre und Verschließen der Gläser s. S. 184.

Birnen-Gelee

1500 g (1½ kg) Birnen (vorbereitet gewogen)	vorbereiten: Birnen waschen, von Stiel und Blüte und schlechten Stellen befreien, in kleine Stücke schneiden, wiegen (1500 g) die Früchte in einen Kochtopf geben, mit
500 ml (½ l) Wasser	im geschlossenen Topf zum Kochen bringen, weichkochen lassen damit der Saft ablaufen kann, die Früchte auf ein gespanntes Safttuch geben, nach dem Erkalten kräftig auspressen oder den Saft mit einem Dampfentsafter aus der oben angegebenen Fruchtmenge - aber ohne Wasserzugabe - gewinnen die weitere Verarbeitung mit
875 ml (⅞ l) Saft 1 Beutel Gelierpulver 1000 g (1 kg) Zucker	erfolgt nach den auf Seite 183 angegebenen Regeln zur Herstellung von Gelee
2 Eßl. feingehackte Zitronenmelisse 2 Eßl. weißen Rum	zum Schluß unterrühren Einfüllen des Gelees und Verschließen der Gläser s. S. 184.

Erdbeer-Konfitüre

(Abb. links)

1000 g (1 kg) Erdbeeren (vorbereitet gewogen) vorbereiten: Erdbeeren waschen, gut abtropfen lassen, sorgfältig verlesen, entstielen, wiegen (1000 g)
die Früchte zerdrücken, am besten mit einem Stampfer
die weitere Verarbeitung mit

1 Beutel Gelierpulver
1125 g (1⅛ kg) Zucker erfolgt nach den auf Seite 183 angegebenen Regeln zur Herstellung von Konfitüre

Doppelkochung:
1750 g (1¾ kg) Erdbeeren (vorbereitet gewogen) wie oben vorbereiten
die weitere Verarbeitung mit

2 Beuteln Gelierpulver
2000 g (2 kg) Zucker erfolgt nach den auf S. 183 angegebenen Regeln zur Herstellung von Konfitüre
Einfüllen der Konfitüre und Verschließen der Gläser s. S. 184

Veränderung: Unter die Konfitüre zum Schluß 4 Eßl. Rum rühren oder abgeriebene Zitronenschale (unbehandelt) mitkochen und zum Schluß 4 Eßl. Orangenlikör unterrühren.

Mehrfrucht-Konfitüre

Für diese Konfitüre eignen sich Aprikosen, Brombeeren, Erdbeeren, Himbeeren, Johannisbeeren, Kirschen, Rhabarber, Stachelbeeren

Aprikosen waschen, gut abtropfen lassen, halbieren, entsteinen, in kleine Stücke schneiden

Brombeeren verlesen, evtl. entstielen, vorsichtig waschen, zerdrücken

Erdbeeren waschen, gut abtropfen lassen, entstielen, zerdrücken

Himbeeren verlesen, evtl. entstielen, zerdrücken

Johannisbeeren waschen, gut abtropfen lassen, entstielen, zerdrücken

Kirschen waschen, gut abtropfen lassen, entsteinen, zerdrücken

Rhabarber waschen, abtrocknen (nicht abziehen), in kleine Stücke schneiden

Stachelbeeren von Stiel und Blüte befreien, waschen, gut abtropfen lassen, durch den Fleischwolf drehen
die weitere Verarbeitung mit

1000 g (1 kg) gemischten Früchten (vorbereitet gewogen)
1 Packung (500 g) Extra Gelier-Zucker erfolgt nach den auf Seite 184 angegebenen Regeln zur Herstellung von Konfitüre mit Extra Gelier-Zucker
Einfüllen der Konfitüre und Verschließen der Gläser s. S. 184.

Apfelsinen-Marmelade

(Abb. unten)

900 g Apfelsinenfruchtfleisch (8–10 Apfelsinen, davon 3 unbehandelt) vorbereiten: die Apfelsinen waschen, abtrocknen, von den unbehandelten Apfelsinen

25 g Apfelsinenschale abreiben, die übrigen Früchte schälen, enthäuten, die Apfelsinenspalten in Stücke schneiden, das Fruchtfleisch wiegen (900 g), mit der Apfelsinenschale mischen, die weitere Verarbeitung mit

1 Beutel Gelierpulver
1000 g (1 kg) Zucker erfolgt nach den auf Seite 183 angegebenen Regeln zur Herstellung von Marmelade
Einfüllen der Marmelade und Verschließen der Gläser s. S. 184.

Veränderung: Unter die Marmelade zum Schluß 3 Teel. Orangenlikör rühren.

Pfirsich-Melonen-Konfitüre

(Abb. oben)

450 g Pfirsiche (vorbereitet gewogen)	vorbereiten: Pfirsiche waschen, gut abtropfen lassen, halbieren entsteinen, in kleine Stücke schneiden, wiegen (450 g)
450 g Honigmelone (vorbereitet gewogen)	vorbereiten: Honigmelone halbieren, entkernen, schälen, in kleine Stücke schneiden, wiegen (450 g), zu den Pfirsichen geben
abgeriebene Schale von 1 Zitrone (unbehandelt)	unterrühren die weitere Verarbeitung mit
1 Beutel Gelierpulver 1000 g (1 kg) Zucker	erfolgt nach den auf Seite 183 angegebenen Regeln zur Herstellung von Konfitüre zum Schluß
2 Eßl. Zitronensaft	
2–3 Eßl. weißen Rum	unterrühren Einfüllen der Konfitüre und Verschließen der Gläser s. S. 184.
Veränderung:	20 g frischen feingewürfelten Ingwer, ½ gestrichenen Teel. gemahlenen Zimt mitkochen.

Himbeer-Kiwi-Konfitüre

500 g (½ kg) Himbeeren (vorbereitet gewogen)	vorbereiten: Himbeeren sorgfältig verlesen, evtl. entstielen, durch ein Sieb streichen, wiegen (500 g)
500 g (½ kg) Kiwis (vorbereitet gewogen)	vorbereiten: Kiwis dünn schälen, vierteln, in Scheiben schneiden, wiegen (500 g) die weitere Verarbeitung mit
1 Packung (500 g) Extra Gelier-Zucker	erfolgt nach den auf Seite 184 angegebenen Regeln zur Herstellung von Konfitüre mit Extra Gelier-Zucker Einfüllen der Konfitüre und Verschließen der Gläser s. S. 184.

Pfirsich-Konfitüre

850 g Pfirsiche (vorbereitet gewogen) vorbereiten: Pfirsiche waschen, gut abtropfen lassen, halbieren entsteinen, in kleine Stücke schneiden, wiegen (850 g) die weitere Verarbeitung mit

1 Beutel Gelierpulver
1000 g (1 kg) Zucker erfolgt nach den auf Seite 183 angegebenen Regeln zur Herstellung von Konfitüre

Doppelkochung:
1500 g (1½ kg) Pfirsiche (vorbereitet gewogen) Pfirsiche wie oben vorbereiten die weitere Verarbeitung mit

2 Beuteln Gelierpulver
2000 g (2 kg) Zucker erfolgt nach den auf Seite 183 angegebenen Regeln zur Herstellung von Konfitüre
Einfüllen der Konfitüre und Verschließen der Gläser s. S. 184.

Veränderung: 125 ml (⅛ l) Port- oder Weißwein mitkochen.

Renekloden-Konfitüre

1125 g (1⅛ kg) Renekloden (vorbereitet gewogen) vorbereiten: Renekloden waschen, gut abtropfen lassen, entsteinen, in kleine Stücke schneiden, wiegen (1125 g) die weitere Verarbeitung mit

1 Beutel Gelierpulver
1250 g (1¼ kg) Zucker erfolgt nach den auf Seite 183 angegebenen Regeln zur Herstellung von Konfitüre

Doppelkochung:
200 g (2 kg) Renekloden (vorbereitet gewogen) Renekloden wie oben vorbereiten die weitere Verarbeitung mit

2 Beutel Gelierpulver
2250 g (2¼ kg) Zucker erfolgt nach den auf Seite 183 angegebenen Regeln zur Herstellung von Konfitüre
Einfüllen der Konfitüre und Verschließen der Gläser s. S. 184.

Veränderung: Nach Belieben 2-3 Eßl. Aprikosengeist unter die fertige Konfitüre rühren.

Apfel-Gelee aus reifen Äpfeln

(Abb. unten)

1500 g (1½ kg) Äpfel (vorbereitet gewogen) vorbereiten: Äpfel waschen, von Blüte, Stiel und schlechten Stellen befreien, halbieren, entkernen, kleinschneiden, wiegen (1500 g), die Früchte in einen Kochtopf geben, mit

1000 ml (1 l) Wasser zum Kochen bringen, weichkochen damit der Saft ablaufen kann, den Fruchtbrei auf ein gespanntes Safttuch geben (nicht auspressen) oder den Saft mit einem Dampfentsafter aus der oben angegebenen Fruchtmenge - aber ohne Wasserzugabe - gewinnen, die weitere Verarbeitung mit

900 ml Saft
1 Beutel Gelierpulver
1000 g (1 kg) Zucker
1 Päckchen Vanillin-Zucker (mit dem Zucker vermischen) erfolgt nach den auf Seite 183 angegebenen Regeln zur Herstellung von Gelee
Einfüllen des Gelees und Verschließen der Gläser s. S. 184.

Quitten-Konfitüre

1000 g (1 kg) reife Quitten (vorbereitet gewogen) vorbereiten: Quitten trocken abreiben, um den Flaum zu entfernen, die Quitten waschen, schälen, entkernen, grießige Stellen entfernen, die Quitten in kleine Stücke schneiden, mit

250 ml (¼ l) Wasser im geschlossenen Topf zum Kochen bringen, 20 Minuten kochen lassen den Fruchtbrei abkühlen lassen, lauwarm verwenden die weitere Verarbeitung mit

1 Beutel Gelierpulver
1250 g (1¼ kg) Zucker erfolgt nach den auf Seite 183 angegebenen Regeln zur Herstellung von Konfitüre
Einfüllen der Konfitüre und Verschließen der Gläser s. S. 184.

Rhabarber-Nektarinen-Konfitüre

500 g (½ kg) Rhabarber (vorbereitet gewogen) vorbereiten: Rhabarber waschen, abtrocknen (nicht abziehen), in ganz kleine Stücke schneiden, wiegen (500 g)

500 g (½ kg) Nektarinen (vorbereitet gewogen) vorbereiten: Nektarinen waschen, gut abtropfen lassen, halbieren entsteinen, in kleine Stücke schneiden, wiegen (500 g) die weitere Verarbeitung mit

1 Beutel Gelierpulver
1000 g (1 kg) Zucker erfolgt nach den auf Seite 183 angegebenen Regeln zur Herstellung von Konfitüre
Einfüllen der Konfitüre und Verschließen der Gläser s. S. 184.

Johannisbeer-Himbeer-Gelee

(Abb. links)

750 g (¾ kg) Himbeeren (vorbereitet gewogen) vorbereiten: Himbeeren sorgfältig verlesen, evtl. entstielen, wiegen (750 g)
in einen Kochtopf geben

750 g (¾ kg) rote Johannisbeeren (vorbereitet gewogen) vorbereiten: Johannisbeertrauben waschen, gut abtropfen lassen, sorgfältig verlesen (nicht entstielen), wiegen (750 g), zu den Himbeeren geben
die Früchte zerdrücken, am besten mit einem Stampfer, mit

250 ml (¼ l) Wasser unter Rühren bis kurz vor dem Kochen erhitzen (nicht kochen)
damit der Saft ablaufen kann, den Fruchtbrei auf ein gespanntes Safttuch geben, nach dem Erkalten kräftig auspressen oder
den Saft mit einem Dampfentsafter aus der oben angegebenen Fruchtmenge - aber ohne Wasserzugabe - gewinnen
die weitere Verarbeitung mit

1125 ml (1⅛ l) Saft
1 Beutel Gelierpulver
1375 g (1⅜ kg) Zucker erfolgt nach den auf Seite 183 angegebenen Regeln zur Herstellung von Gelee
Einfüllen des Gelees und Verschließen der Gläser s. S. 184.

Kirsch-Whisky-Konfitüre

(Abb. oben)

500 g Süßkirschen
500 g Sauerkirschen
(vorbereitet gewogen) vorbereiten: Kirschen waschen, gut abtropfen lassen, entstielen, entsteinen, wiegen (jeweils 500 g)
die weitere Verarbeitung mit
1 Beutel Gelierpulver
1125 g (1⅛ kg) Zucker erfolgt nach den auf Seite 183 angegebenen Regeln zur Herstellung von Konfitüre, zum Schluß
2 Eßl. Whisky unterrühren.

Aprikosen-Konfitüre

1000 g (1 kg)
reife Aprikosen
(vorbereitet gewogen) vorbereiten: Aprikosen waschen, gut abtropfen lassen, entsteinen, in kleine Stücke schneiden, wiegen (1000 g)
die weitere Verarbeitung mit
1 Beutel Gelierpulver
1125 g (1⅛ kg) Zucker erfolgt nach den auf Seite 183 angegebenen Regeln zur Herstellung von Konfitüre
zum Schluß
2 Eßl. Zitronensaft dazugeben, gut verrühren

Doppelkochung:
2000 g (2 kg)
reife Aprikosen
(vorbereitet gewogen) Aprikosen wie oben vorbereiten
die weitere Verarbeitung mit
2 Beuteln Gelierpulver
2250 g (2¼ kg) Zucker erfolgt nach den auf Seite 183 angegebenen Regeln zur Herstellung von Konfitüre, zum Schluß
Saft von 2 Zitronen
(4 Eßl.) dazugeben, gut verrühren
Einfüllen der Konfitüre und Verschließen der Gläser s. S. 184.

Brunch

Wir laden ein zum Katerfrühstück

Katerfrühstück

(6-8 Portionen - Abb. S. 66/67)

8 Matjesfilets	zu Röllchen formen, hochkant in
Zwiebelringe	setzen
2 Bund Radieschen	putzen (das Grün nicht ganz abschneiden), waschen
	die Zutaten mit
1 geräucherten Bückling	auf einem Brett anrichten, die Matjesröllchen mit
Dill	garnieren
1 Stück Schweizer Käse	
1 Stück Roquefort-Käse	
	beide Käsesorten in Würfel schneiden, auf einem Teller mit
Tomatenachteln	anrichten
100 g Keta-Kaviar (Lachskaviar, aus dem Glas)	in ein Schälchen geben, den Rand mit
1 Eßl. Zwiebelwürfeln	bestreuen, mit
gehacktem Dill	garnieren
300 g geräucherte Lachsscheiben	auf
gewaschenen Salatblättern	anrichten, mit
Zitronenscheiben	garnieren
	Senf-Sahne-Soße
125 ml (⅛ l) Schlagsahne	½ Minute schlagen
2 Teel. Senf	unterrühren, mit
Salz	
weißem Pfeffer	abschmecken
1 Eßl. Zitronensaft	unter Rühren hinzufügen
	in ein Schälchen geben, mit
feingeschnittenem Schnittlauch	bestreuen
	Salat Dolores
375 g Pellkartoffeln	pellen, in Scheiben oder in Streifen schneiden
200 g frisch gepulte Krabben	
1-2 hartgekochte Eier	pellen, in Würfel schneiden
	die Zutaten miteinander vermengen, in einer Salatschüssel anrichten
	für die Salatsoße
1 Becher (150 g) Crème fraîche	mit
2 Eßl. Tomaten-Ketchup	
1 Eßl. Portwein	
2 Eßl. Essig	verrühren, mit
Salz	
Pfeffer, Zucker	abschmecken, über die Salatzutaten geben, den Salat mit
feingehacktem Dill	bestreuen
Etwa 250 g verschiedene Salami-Sorten	mit
1 Stück Leberwurst (etwa 200 g)	auf einem Teller anrichten.

Eingelegte Heringe

(Abb. oben)

6 Salzheringe	ausnehmen, 12-14 Stunden wässern, mehrere Male unter fließendem kaltem Wasser gründlich spülen, damit sich die Schuppen lösen
	Kiemen und Kiemendeckel entfernen, die Köpfe abschneiden, die innere schwarze Haut abziehen, die Heringe noch einmal waschen, danach an der Rückseite der Länge nach aufschneiden, entgräten, enthäuten
3 mittelgroße Zwiebeln	abziehen, in Scheiben schneiden, mit
2 kleinen Lorbeerblättern	
8 Pfefferkörnern	und den Heringen in einen Steintopf legen, die
Heringsmilch	durch ein Haarsieb streichen, mit
250 ml (¼ l) Essig	
125 ml (⅛ l) Wasser	zu einer Soße verrühren, über die Heringe verteilen, 2-3 Tage in der Soße ziehen lassen.

Forellen mit Kräuter-Joghurt-Sahne

(Abb. unten)

4 küchenfertige Forellen (je 150–200 g) unter fließendem kaltem Wasser abspülen, rund binden (einen starken Faden mit einer Nadel durch Kopf und Schwanz ziehen, die Fadenenden verknoten)

8 Eßl. Essig
125 ml (⅛ l) Wasser erhitzen, die Forellen damit übergießen, etwa 5 Minuten der Zugluft aussetzen, bis sie sich blau gefärbt haben

1 l Wasser mit
3 gehäuften Teel. Salz
1 gehäuften Messerspitze Pfeffer
1 Lorbeerblatt
10 Gewürzkörnern
4 Eßl. Kräuter-Essig zum Kochen bringen, die Forellen mit dem Kopf zuerst hineingeben (Forellen müssen mit Flüssigkeit bedeckt sein), zum Kochen bringen, den Topf von der Kochstelle nehmen, die Forellen garziehen lassen, auf einer Platte anrichten, kalt stellen

4 große Tomaten waschen, halbieren, aushöhlen, umdrehen, damit sie gut austropfen

Garzeit für die Forellen: 15 Minuten

für die Kräuter-Joghurt-Sahne

125 ml (⅛ l) Schlagsahne ½ Minute schlagen
1 Päckchen Sahnesteif einstreuen, die Sahne steif schlagen
2 gehäufte Eßl. Joghurt unterheben

1 Eßl. feingeschnittenen Schnittlauch
1 Eßl. gehackte Petersilie unter die Joghurt-Sahne rühren, mit
Pfeffer, Zucker
Zitronensaft, Salz abschmecken

die Kräuter-Joghurt-Sahne in die Tomaten füllen, mit den Forellen,
Zitronenscheiben
Dillzweigen anrichten.

Eingelegte Bratheringe

(Abb. links)

1 kg Grüne Heringe	ausnehmen (Köpfe abschneiden), unter fließendem kaltem Wasser abspülen, schuppen, trockentupfen
2 Eßl. Weizenmehl	mit
Salz	mischen, die Heringe darin wenden
6 Eßl. Speiseöl	erhitzen, die Heringe von beiden Seiten darin goldgelb braten
Bratzeit:	6-8 Minuten
	für die Marinade
2 mittelgroße Zwiebeln	abziehen, in Scheiben schneiden, mit
1 Eßl. Senfkörnern	
8 Pfefferkörnern	und den Heringen in einen Topf legen
250 ml (¼ l) Essig	
125 ml (⅛ l) Wasser	mischen, darübergießen, die Heringe 4-6 Tage in der Marinade ziehen lassen.

Schollenfilets im Knuspermantel

(Abb. unten)

100 g Weizenmehl	in eine Schüssel sieben, mit
1 Teel. Trocken-Backhefe	sorgfältig mischen
½ Teel. Zucker	
Salz, 1 Ei	
125 ml (⅛ l) lauwarmes Wasser	hinzufügen, alles mit einem elektrischen Handrührgerät mit Rührbesen zuerst auf der niedrigsten, dann auf der höchsten Stufe in etwa 5 Minuten zu einem Teig verarbeiten
100 g durchwachsenen Speck	in feine Scheiben schneiden
2 Eßl. abgezogene, in Stifte geschnittene Mandeln	
	beide Zutaten unter den Teig rühren den Teig an einem warmen Ort so lange gehen lassen, bis er etwa doppelt so hoch ist, ihn dann auf der höchsten Stufe nochmals gut durchkneten
4 Schollenfilets (etwa 300 g)	unter fließendem kaltem Wasser abspülen, trockentupfen, mit
Zitronensaft	beträufeln, etwa 15 Minuten stehenlassen, trockentupfen, mit
Salz	
Pfeffer	würzen, in den Teig tauchen, in siedendem
Ausbackfett	in etwa 3-5 Minuten hellbraun backen, auf einem Kuchenrost abtropfen und erkalten lassen die Schollenfilets mit
Zitronenscheiben	
Salatblättern	anrichten, nach Belieben mit
abgezogenen, in Stifte geschnittenen, gebräunten Mandeln	bestreuen.
Beigabe:	Stangenweißbrot, Remouladen-Soße.

Salzheringe in Sahne-Soße Harzer Art

(Abb. oben)

4 Salzheringe	ausnehmen, etwa 24 Stunden wässern, das Wasser ab und zu erneuern die Heringe unter fließendem kaltem Wasser abspülen, damit sich die Schuppen lösen, Kiemen und Kiemendeckel entfernen, die Köpfe abschneiden, die innere schwarze Haut abziehen, die Heringe noch einmal waschen, danach an der Rückseite der Länge nach aufschneiden, entgräten, nach Belieben enthäuten
	für die Sahne-Soße
4-5 Zwiebeln	abziehen
2 Gewürzgurken	
	beide Zutaten in Scheiben schneiden
375 ml (3/8 l) Schlagsahne	mit
6 Eßl. Essig	
einigen Senfkörnern	
einigen Pfefferkörnern	verrühren, Gurken- und Zwiebelscheiben mit
1 Lorbeerblatt	hinzufügen, die Heringe in die Sahnesoße legen, etwa 24 Stunden darin liegen lassen, die Sahneheringe mit
Petersilie	garnieren.

Rollmöpse

6 küchenfertige Salzheringe	12-14 Stunden wässern, entgräten, waschen, abtrocknen, die Hälften mit
1 schwach gehäuften Eßl. Senf	bestreichen
2 kleine Gewürzgurken	in kleine Stücke schneiden
2 Zwiebeln	abziehen, fein würfeln, mit
1 Eßl. Kapern	auf die Heringshälften geben, vorsichtig aufrollen, mit Holzstäbchen feststecken, die Rollmöpse mit
8 Pfefferkörnern	
2 kleinen Lorbeerblättern	in einen Steintopf legen
gut 125 ml (gut 1/8 l) Wasser	
gut 125 ml (gut 1/8 l) Essig	mischen, darübergeben die Rollmöpse 4-6 Tage in der Marinade ziehen lassen.

Meeraal, mariniert

800 g küchenfertigen, enthäuteten Meeraal	unter fließendem kaltem Wasser abspülen, trockentupfen, in Portionsstücke schneiden, mit dem Saft von
½ Zitrone	beträufeln, etwa 15 Minuten stehenlassen
4 Zwiebeln	abziehen, in Ringe schneiden
2 Möhren	putzen, schrappen, waschen, in Scheiben schneiden
½ Stange Porree (Lauch)	putzen, waschen, in Ringe schneiden (evtl. nochmals waschen)
1 Bund gehackte Petersilie	
250 ml (¼ l) Essig	mit
500 ml (½ l) herbem Weißwein	
250 ml (¼ l) Wasser	in einen Topf geben, das Gemüse,
1 Teel. weiße Pfefferkörner	
2 Gewürznelken	
1 Teel. Senfkörner	
5 getrocknete Chilischoten	
1½ Teel. Salz	hinzufügen, zum Kochen bringen, etwa 20 Minuten kochen lassen, den Meeraal hineingeben, zum Kochen bringen, garziehen lassen, in dem Sud erkalten lassen, nach Belieben mit Salz,
Essig	abschmecken
2 Eßl. Olivenöl	hinzufügen, 1-2 Tage kühl stellen
Garzeit:	20-25 Minuten.

Lachsröllchen Gourmet

(Abb. unten)

4 Eier	mit
2 Eßl. Milch	
Salz	
Pfeffer	
1 Bund feingeschnittenem Schnittlauch	verschlagen
1 Eßl. Butter oder Margarine	in einer Stielpfanne zerlassen, die Eiermilch hineingeben, sobald die Masse zu stocken beginnt, sie mit einem Löffel strichweise vom Boden der Pfanne losrühren, so lange weiter erhitzen, bis keine Flüssigkeit mehr vorhanden ist, aus der Pfanne nehmen, erkalten lassen, das Rührei gleichmäßig auf
8 Scheiben Räucherlachs	verteilen, aufrollen, auf
gewaschenen Salatblättern	anrichten die Lachsröllchen mit
gekochten Spargelspitzen	
in Scheiben geschnittenen, mit Paprika gefüllten Oliven	
Kresse	garnieren
Gerinnungszeit:	Etwa 5 Minuten.
Beigabe:	Toast, Butter.

Lachs mit Tataren-Soße

(Abb. unten)

4 Scheiben Lachs (Salm, je 200 bis 250 g) unter fließendem kaltem Wasser abspülen, trockentupfen, mit
Zitronensaft beträufeln, etwa 15 Minuten stehenlassen, mit
Salz
Pfeffer würzen, 4 Stück Alufolie mit
Butter bestreichen, je 1 Fischscheibe darin einwickeln, die Folie locker, aber dicht verschließen, auf ein Backblech legen, in den vorgeheizten Backofen schieben
Strom: 225–250
Gas: 6–7
Dünstzeit: 25–30 Minuten
die Folienpäckchen aus dem Backofen nehmen, den garen Fisch erkalten lassen

für die Tataren-Soße

3 gehäufte Eßl. Salatmayonnaise mit
3 gehäuften Eßl. saurer Sahne verrühren
2 hartgekochte Eier pellen, fein hacken, mit
1 Eßl. feingeschnittenem Schnittlauch
1 gehäuften Teel. gehackter Petersilie
1 Teel. gehacktem Dill unter die Mayonnaise rühren, mit Salz, Pfeffer abschmecken

Speiseöl die Lachsscheiben dünn mit bestreichen, auf
gewaschenen Salatblättern anrichten, mit
Petersilie garnieren, die Soße dazureichen.
Beigabe: Toast.

Matjesfilet Bornholm

(Abb. rechts)

1 säuerlichen Apfel schälen, mit einem Apfelausstecher das Kerngehäuse ausstechen den Apfel in 4 Scheiben schneiden
100 ml Weißwein erhitzen, die Apfelscheiben darin fast weichdünsten (sie dürfen nicht zerfallen), in dem Weißwein erkalten, abtropfen lassen, auf eine Platte legen
4 Matjesfilets aufrollen, jeweils hochkant auf einer Apfelscheibe anrichten von
4 Eßl. Preiselbeeren (aus dem Glas) jeweils 1 Eßl. in jedes Matjes-Röllchen geben
1 Becher (150 g) Crème fraîche mit etwas von der Weißwein-Flüssigkeit verrühren, kurz vor dem Servieren über die Matjesfilets verteilen die Matjesfilets Bornholm mit
Dill garnieren.
Beigabe: Graubrot, Butter.

Garnelen in Pernodrahm

(Abb. unten)

12 große Garnelen (etwa 1¼ kg)	unter fließendem kaltem Wasser abspülen
750 ml (¾ l) Wasser	mit
1 gestrichenen Teel. Salz	
1 Messerspitze Pfeffer	
1 Eßl. Anissamen	zum Kochen bringen, die Garnelen hineingeben, zum Kochen bringen, in etwa 10 Minuten garziehen und abtropfen lassen, noch warm aus den Schalen lösen
	für den Pernodrahm
1 Becher (150 g) Crème fraîche	mit
1 Glas (etwa 2 cl) Pernod	
1 Messerspitze gemahlenem Ingwer	verrühren, mit
Salz	abschmecken die Garnelen auf
gewaschenen Feldsalatblättern	anrichten, die Soße mit
gehackten Pistazienkernen	bestreuen, dazureichen.
Beigabe:	Weißbrotscheiben in Butter geröstet.
Garnele:	Langschwänziger Krebs (Krustentier). Am bekanntesten ist die Nordsee-Garnele (Krabbe). Andere Garnelenarten: Shrimps, Prawns werden importiert.

Karpfen mit sauce vinaigrette

(Abb. oben)

1 küchenfertigen Karpfen (1½ bis 2 kg)	unter fließendem kaltem Wasser abspülen, trockentupfen, innen und außen mit
Salz, Pfeffer	würzen ein Stück Alufolie extra-stark mit
Speiseöl	bestreichen, den Fisch darin einwickeln, die Folie locker, aber dicht verschließen, auf ein Backblech legen, in den vorgeheizten Backofen schieben
Strom:	225–250
Gas:	6–7
Dünstzeit:	50–60 Minuten den garen Fisch auf einer Platte anrichten, erkalten lassen
	für die sauce vinaigrette
10 Eßl. Salatöl	mit
2½ Eßl. Essig	gut verschlagen
2 hartgekochte Eier	pellen, fein hacken, mit
1 gehäuften Eßl. gehackter Petersilie	
1 Teel. feingeschnittenem Schnittlauch	

1 Messerspitze gerebeltem Basilikum	
1 Messerspitze gerebeltem Kerbel	dazugeben, die Soße mit Salz, Pfeffer abschmecken
	den Karpfen mit
Petersilie	
Tomatenachteln	
Eierscheiben	
Zitronenscheiben	garnieren, die sauce vinaigrette dazureichen.
Beigabe:	Weißbrot, Toast oder kleine Pellkartoffeln.

Gemischte Fischplatte

3 Matjesfilets	1-2 Stunden wässern, gut abtropfen lassen, evtl. trockentupfen, aufrollen, mit
3 Eßl. Meerrettichsahne	füllen
4 geräucherte Forellenfilets	enthäuten
250 g Räucheraal	enthäuten, entgräten, filieren von
450 g geräuchertem Bückling	den Kopf abschneiden
250 g Schillerlocken	alle Zutaten in mundgerechte Stücke schneiden
200 g in Scheiben geschnittener Räucherlachs	
250 g Kieler Sprotten	
200 g frisch gepulte Krabben	
	eine große Platte mit
gewaschenen Salatblättern	belegen, die Krabben in die Mitte legen, die anderen Fischsorten mit auf der Platte anrichten, mit
Zitronenscheiben	
Dillzweigen	garnieren.

Avocado-Katerfrühstück

(Abb. unten)

4 Matjesfilets	1-2 Stunden wässern, gut abtropfen lassen, evtl. trockentupfen, in Streifen schneiden
8 grüne Oliven, mit Paprika gefüllt	in Scheiben schneiden, von
1 Schälchen Kresse	die Blättchen abschneiden, vorsichtig abspülen, trockentupfen, ⅔ der Kresse mit
1 Teel. Zwiebelwürfel	vermengen, alle Zutaten mit
2 Eßl. Crème fraîche	verrühren
2 reife Avocados	waschen, abtrocknen, längs halbieren, entsteinen
	den Matjessalat gleichmäßig auf die Hälften verteilen, mit der zurückgelassenen Kresse garnieren.

Morgens um elf gibt's ein rustikales Büfett

Harzer Käse, eingelegt

(Abb. oben)

Etwa 500 g Harzer Käse	in dickere Scheiben schneiden, schuppenförmig in einem flachen Gefäß anordnen
2-3 Zwiebeln	abziehen, in Ringe schneiden, darüber verteilen
	für die Soße
3 Eßl. Salatöl	mit
3 Eßl. Essig	
etwas Senf	verrühren, mit
Salz, Pfeffer, Zucker	abschmecken, über den Käse gießen
1 Bund feingeschnittenen Schnittlauch	darüber verteilen, zugedeckt etwa 1 Tag im Kühlschrank stehenlassen.

Käsesalat in Tomaten

1 Apfel	schälen, vierteln, entkernen
300 g Emmentaler Käse (in 3 mm dicke Scheiben geschnitten)	
	beide Zutaten in Streifen schneiden
50-75 g abgezogene, gestiftelte Mandeln	
	für die Mayonnaise
1 Eigelb	mit
1-2 Teel. Senf	
1 Eßl. Essig oder Zitronensaft, Salz	
1 Teel. Zucker	zu einer dicklichen Masse schlagen nach und nach
125 ml (⅛ l) Salatöl	unterschlagen
2 Eßl. Joghurt	
40 g abgezogene, gehackte Mandeln	
	beide Zutaten unterrühren die Mayonnaise mit
Weißwein	abschmecken, mit den Salatzutaten vermengen
8-10 Tomaten	waschen, abtrocknen, Deckel abschneiden, die Tomaten aushöhlen (das Innere zu Tomatensuppe oder -soße verwenden) die Tomaten mit dem Salat füllen, die Deckel daraufsetzen den restlichen Salat mit den Tomaten auf einer Platte, nach Belieben auf
Salatblättern	anrichten.

Mariniertes Lammfleisch, türkisch

1¾ kg Lammfleisch (aus der Keule, ohne Knochen)	unter fließendem kaltem Wasser abspülen, trockentupfen, von Fett und Haut befreien, in knapp ½ cm dicke Scheiben schneiden
	für die Marinade
3 Zwiebeln	abziehen, in feine Würfel schneiden
3 Knoblauchzehen	abziehen, durchpressen, beide Zutaten mit
8 Eßl. Olivenöl	
3 Eßl. Zitronensaft	
2 Teel. gerebeltem Thymian	verrühren, mit
Salz, Pfeffer	abschmecken, die Fleischscheiben mit der Marinade bestreichen, in eine Schüssel schichten, mit Alufolie abdecken, über Nacht durchziehen lassen, das Fleisch aus der Marinade nehmen, die Zwiebelmasse etwas abstreichen
Speiseöl	in einer Bratpfanne erhitzen einen Teil der Fleischscheiben nebeneinander hineinlegen, von beiden Seiten braten lassen, in eine Schüssel geben, mit Pfeffer bestreuen, das restliche Fleisch auf die gleiche Weise zubereiten Marinade, Zwiebelmasse,
4 Eßl. Wasser	
4 Eßl. Weißwein	zu dem Bratensatz geben, durchdünsten lassen, mit
Zucker	abschmecken, über die Fleischscheiben geben, erkalten lassen die Fleischscheiben ab und zu mit der Flüssigkeit begießen
1 kg Fleischtomaten	waschen, abtrocknen, halbieren, entkernen, die Stengelansätze herausschneiden, die Tomaten in Würfel schneiden
2-3 Knoblauchzehen	abziehen, durchpressen, über die Tomatenwürfel geben
2-3 Eßl. Olivenöl	
2-3 Eßl. Zitronensaft gerebeltem Estragon	unterrühren, mit Salz, Pfeffer, abschmecken, durchziehen lassen, evtl. nochmals mit den Gewürzen abschmecken, evtl. etwas von der Flüssigkeit abgießen, die Fleischscheiben aus der Marinade nehmen, auf einer tiefen Platte anrichten, etwas von der Marinade darübergeben, die Tomatenwürfel als Kranz um das Fleisch geben
Bratzeit je Fleischportion:	6-8 Minuten
	für die Soße
1 Becher (150 g) Crème fraîche	mit
1 Becher (150 g) Joghurt	verrühren, mit Salz, Pfeffer, Zucker abschmecken.

Paprikasalat mit Schafskäse

(Abb. unten)

3 grüne Paprikaschoten (etwa 400 g)	halbieren, entstielen, entkernen, die weißen Scheidewände entfernen, die Schoten waschen, in Streifen schneiden
400 g Tomaten	kurze Zeit in kochendes Wasser legen (nicht kochen lassen), in kaltem Wasser abschrecken, enthäuten, achteln, die Stengelansätze herausschneiden
2-3 Gemüsezwiebeln (etwa 400 g)	abziehen, halbieren, in Scheiben schneiden, die Zutaten in einer Salatschale anrichten
200 g Schafskäse	zerbröckeln, darüber verteilen
	für die Salatsoße
3 Eßl. Speiseöl	mit
2 Eßl. Essig	
4 Teel. Wasser	verrühren, mit
Salz, Pfeffer	abschmecken, über die Salatzutaten geben, durchziehen lassen, den Salat vor dem Servieren mit
2 Eßl. feingeschnittenem Schnittlauch	bestreuen.

Camembert, gebacken
(Abb. rechts)

1 Packung Camembert (2 Hälften, nicht zu reif, gut gekühlt)	vierteln oder achteln, in
1 verschlagenen Ei	wenden, fest in
Semmelmehl	drücken, nochmals in dem restlichen Ei wenden, in das restliche Semmelmehl drücken die Käsestücke mit Hilfe eines Holzstäbchens in siedendes
Ausbackfett	geben, goldgelb backen (Käse darf nicht auslaufen).

Gefüllte Tomatenkörbchen

4 große Tomaten	waschen, abtrocknen, quer halbieren, aushöhlen
1 grüne Paprikaschote	halbieren, entstielen, entkernen, die weißen Scheidewände entfernen, die Schote waschen, in Streifen schneiden, in
250 ml (¼ l) kochendes Salzwasser	geben, zum Kochen bringen, etwa 5 Minuten kochen, abtropfen und erkalten lassen
250 g gekochtes Schweinefleisch	
75 g gekochter Schinken	
	beide Zutaten in Streifen schneiden
	für die Salatsoße
2 Eßl. Salatmayonnaise	mit
2 Eßl. Joghurt	
1-2 Eßl. Essig	verrühren, mit
Salz, Pfeffer	
Paprika edelsüß	abschmecken, die Salatzutaten mit der Soße vermengen, gut durchziehen lassen, in die Tomatenhälften füllen, auf einer Platte anrichten.

Schmalzschnitten

2 große Zwiebeln	abziehen, in Ringe schneiden
1 Eßl. Gänse- oder Griebenschmalz	zerlassen, die Zwiebelringe darin goldgelb braten, erkalten lassen
4 Scheiben Vollkornbrot	mit
40 g Gänse- oder Griebenschmalz	bestreichen, die erkalteten Zwiebelringe darauf verteilen
300 g Harzer Käse	in dicke Scheiben schneiden, auf den Zwiebelringen anrichten, mit
Petersilie	garnieren.

Gepfefferter Schweinerücken
(In der Bratfolie)

1½ kg Kotelettstück vom Schwein	waschen, abtrocknen
3 Eßl. Speiseöl	mit
1 Teel. scharfem Senf	
2 Teel. grünem Pfeffer	
1 gestrichenen Teel. Salz	
1 Teel. Paprika	verrühren, das Fleisch damit bestreichen, auf ein genügend großes Stück Bratfolie legen, die Folie verschließen, etwa 2 Stunden stehenlassen, erst dann auf dem Rost in den vorgeheizten Backofen schieben
Strom:	200
Gas:	Etwa 3½
Bratzeit:	Etwa 1¼ Stunden das gare Fleisch aus dem Backofen nehmen, kurze Zeit ruhen lassen, erst dann die Bratfolie öffnen, das Fleisch erkalten lassen, vom Knochen lösen, in Scheiben schneiden, auf einer Platte anrichten, mit
Radieschen Kräutern	garnieren.

Berliner Roastbeefschnitten

4 große Zwiebeln	abziehen, in Scheiben schneiden
4 Eßl. Speiseöl	erhitzen, die Zwiebelscheiben darin goldgelb dünsten, auf Küchenpapier geben
4 Scheiben Landbrot	mit
Butter	bestreichen
200–250 g Roastbeef (als Aufschnitt)	darauf verteilen
4 Eßl. grob geraspelten Meerrettich	darüberstreuen, die Zwiebelscheiben darauf verteilen die Roastbeefschnitten mit
Tomatenachteln	
Petersilie	garnieren.

Kaviar-Brote mit Eigelb

4 Scheiben Vollkornbrot	mit
Butter	bestreichen
etwa 80 g Feldsalat	waschen, gut abtropfen lassen, auf den Brotscheiben verteilen
etwa 100 g Kaviar	auf den Salatblättern anrichten, von
4 Eigelb	jeweils 1 Eigelb in einer halben Eischale auf jede Kaviarportion setzen
1 rote Zwiebel	abziehen, achteln, auf den Kaviarbroten anrichten.

Maissalat

(Abb. unten)

250 g Tomaten	kurze Zeit in kochendes Wasser legen (nicht kochen lassen), in kaltem Wasser abschrecken, enthäuten, in Würfel schneiden
etwa 275 g Maiskörner (aus der Dose)	abtropfen lassen
etwa 250 g frische gepulte Krabben	
	für die Salatsoße
1 Zwiebel	abziehen, in Würfel schneiden, mit
3 Eßl. Salatöl	
2 Eßl. Essig	
4 Teel. Wasser	verrühren, mit
Salz	
frisch gemahlenem Pfeffer	
Zucker	abschmecken
1 Bund feingehackte Petersilie	
1 Bund feingeschnittener Schnittlauch	beide Zutaten unter die Soße rühren, mit den Salatzutaten vermengen, den Salat evtl. mit Salz, Pfeffer, Zucker abschmecken.

Italienischer Braten

(In der Bratfolie)
(Abb. oben)

	Von
1½ kg magerem Schweinebauch mit eingeschnittener Tasche	die Schwarte rhombenartig einschneiden, das Fleisch unter fließendem kaltem Wasser abspülen, trockentupfen
1 Packung (300 g) tiefgekühlten Broccoli	in
125 ml (⅛ l) kochendes Salzwasser	geben, zum Kochen bringen, in 10–15 Minuten garkochen, abtropfen lassen den Broccoli mit einem elektrischen Handrührgerät pürieren oder durch ein Sieb streichen
75 g Schinkenspeck	in Würfel schneiden, mit
2 Eßl. Semmelmehl	unterrühren, die Füllung mit
Salz, Pfeffer geriebener Muskatnuß	abschmecken das Fleisch innen und außen mit Salz, Pfeffer,
gerebeltem Thymian	einreiben, die Füllung in die Tasche geben, zunähen das Fleisch auf ein genügend großes Stück Bratfolie legen, die Folie verschließen, auf dem Rost in den vorgeheizten Backofen schieben
Strom:	200
Gas:	3–4
Bratzeit:	2¼–2½ Stunden das gare Fleisch aus dem Backofen nehmen, kurze Zeit ruhen lassen, erst dann die Bratfolie öffnen, das Fleisch erkalten lassen, in Scheiben schneiden, auf einer Platte anrichten, mit
Rosmarin	garnieren.

Muschelsalat Patricia

(2–3 Portionen)

150 g Muschelfleisch (aus dem Glas oder aus der Dose)	evtl. abspülen, abtropfen lassen
100 g Senfgurken	in Würfel schneiden
10 Oliven, mit Paprika gefüllt	
10 Silberzwiebeln	beide Zutaten halbieren
2 Tomaten	kurze Zeit in kochendes Wasser legen (nicht kochen lassen), in kaltem Wasser abschrecken, enthäuten, die Tomaten halbieren, entkernen, die Stengelansätze herausschneiden, das Tomatenfleisch in Würfel schneiden.

Schafskäse, eingelegt

(Abb. rechts)

300 g bulgarischen Schafskäse	in große Würfel schneiden
2 rote Zwiebeln	
2 gelbe Zwiebeln	
	die Zwiebeln abziehen, in Ringe schneiden
1 Knoblauchzehe	abziehen
100 g schwarze Oliven	
2 Lorbeerblätter	
2 Chilischoten	
1 Teel. gerebelter Oregano	
Salz, Pfeffer	
	alle Zutaten in ein Gefäß geben
250 ml (¼ l) Olivenöl	darüber verteilen, zugedeckt etwa 7 Tage kühl stellen.

Hasenfilets in Blätterteighülle

(Abb. oben)

	Für die Füllung von
1 Hasenrücken (etwa 600 g)	das Rückenfleisch und die Filets auslösen, sorgfältig enthäuten, waschen, trockentupfen, in eine Schüssel legen, mit
½ Teel. gerebeltem Thymian **½ Teel. gerebeltem Rosmarin**	bestreuen, mit
1 Eßl. Zitronensaft **2 Eßl. Speiseöl**	beträufeln, zugedeckt etwa 24 Stunden an einem kühlen Ort stehenlassen, das Fleisch ab und zu wenden das Fleisch aus der Marinade nehmen, abtropfen lassen, mit
Salz, Pfeffer	würzen
30 g Butterschmalz	erhitzen, das Fleisch von allen Seiten kurz darin anbraten, erkalten lassen
10 entsteinte Backpflaumen	waschen, abtropfen lassen, in feine Würfel schneiden
10 Champignons	putzen, waschen, fein hacken (6 Stück zurücklassen)
	beide Zutaten mit
250 g feiner Bratwurstmasse **2 Eßl. Weinbrand** **1 Eßl. gehackten Pistazienkernen**	vermengen
	für den Teig
1 Packung (300 g) tiefgekühlten Blätterteig	nach der Vorschrift auf der Packung auftauen lassen, zu einer länglichen Platte in der dreifachen Größe des Fleisches ausrollen (nach Belieben etwas Teig zum Garnieren zurücklassen), die Hälfte der gemischten Bratwurstmasse in der Länge der großen Fleischstücke in die Mitte des Teiges geben, zunächst die großen und darauf die kleinen Fleischstücke legen, zwischen die Filets als »Rückgratknochen« die zurückgelassenen Champignonköpfe setzen, mit der restlichen Bratwurstmasse bedecken, den Teig um das Fleisch schlagen, auf ein mit Wasser ausgespültes Backblech legen (glatte Teigseite nach oben), mit dem zurückgelassenen Teig garnieren

	über die Teigoberseite verteilt 2-3 etwa pfenniggroße Löcher ausstechen
½ Eigelb	mit
1 Teel. Milch	verschlagen, die Teigoberfläche damit bestreichen, das Backblech in den vorgeheizten Backofen schieben
Strom:	200-225
Gas:	3-4
Backzeit:	Etwa 35 Minuten das gare Fleisch aus dem Backofen nehmen, erkalten lassen, in nicht zu dünne Scheiben schneiden, auf einer Platte anrichten, mit
Pistazienkernen	garnieren.

Satziki

(Abb. unten)

100 g Speisequark	mit
1 Becher (150 g) Crème fraîche	verrühren
1-4 Knoblauchzehen	abziehen, zerdrücken
1 Stück Salatgurke (etwa 200 g)	schälen, in sehr kleine Würfel schneiden beide Zutaten unter den Quark rühren, mit
Salz, Pfeffer	abschmecken, kalt stellen die Speise auf
gewaschenen Salatblättern	anrichten, mit
schwarzen Oliven	garnieren, mit
Olivenöl	beträufeln.

Rippe mit Backobst

(In der Bratfolie - 8 bis 10 Portionen)

250 ml (¼ l) Wasser	mit
125 ml (⅛ l) Madeira	
1 Stange Zimt	
3 Gewürznelken	zum Kochen bringen
500 g gemischtes Backobst	hinzufügen, zum Kochen bringen, etwa 10 Minuten kochen, in der Flüssigkeit erkalten und abtropfen lassen
1 Schweine- oder Kasseler Rippe (mit eingeschnittener Tasche, 1¾-2 kg)	waschen, abtrocknen, mit
Salz	
Pfeffer	
Paprika edelsüß	einreiben, mit dem Backobst füllen, die Rippe zunähen, auf ein genügend großes Stück Bratfolie legen, die Folie verschließen, auf dem Rost in den vorgeheizten Backofen schieben
Strom:	200
Gas:	Etwa 3½
Bratzeit:	Etwa 1¼ Stunden das gare Fleisch aus dem Backofen nehmen, kurze Zeit ruhen lassen, erst dann die Bratfolie öffnen, das Fleisch erkalten lassen, in Scheiben schneiden, auf einer Platte anrichten, nach Belieben mit übriggebliebenem Backobst garnieren.
Beigabe:	Bauernbrot, Butter.

Fleischklößchen mit Roquefortfüllung

(Abb. oben)

1 Brötchen (Semmel) in kaltem Wasser einweichen, gut ausdrücken, mit

500 g Rindergehacktem in eine Schüssel geben

1 Zwiebel
1 Knoblauchzehe beide Zutaten abziehen, in feine Würfel schneiden

1 Eßl. Speiseöl erhitzen, Zwiebel- und Knoblauchwürfel darin glasig dünsten lassen, zu dem Gehackten geben

2 Eier
2 Eßl. gehackte Petersilie
2 Eßl. Tomaten-Ketchup hinzufügen, alle Zutaten gut miteinander verkneten, die Masse mit

Salz, Pfeffer abschmecken

75–100 g Roquefort-Käse in kleine Stücke schneiden

aus dem Fleischteig 22–24 walnußgroße Klößchen formen, ein Loch in jedes Klößchen drücken, ein Stück Roquefort-Käse hineingeben, wieder zu Klößchen formen, die Klößchen in

3 Eßl. Semmelmehl wenden, schwimmend in siedendem

Ausbackfett in 2–3 Portionen jeweils etwa 5 Minuten ausbacken, auf Haushaltspapier abtropfen lassen, heiß oder kalt servieren.

Senfbraten

(In der Bratfolie)
(Abb. oben)

Etwa 1 kg Kotelettstück mit Filet vom Schwein (ohne Knochen) unter fließendem kaltem Wasser abspülen, trockentupfen, mit einem scharfen Messer längs einschneiden, mit
Salz
frisch gemahlenem Pfeffer einreiben

für die Füllung

2 Eßl. extrascharfen Senf mit
2 Eßl. französischem Gewürzsenf verrühren
2 Zwiebeln abziehen, in feine Würfel schneiden
1 kleine Knoblauchzehe abziehen, zerdrücken
3 Bund gemischte, gehackte Kräuter

die drei Zutaten mit der Senfmischung verrühren
die Masse in den Fleischeinschnitt füllen, mit der restlichen Masse das Fleisch bestreichen, das Fleisch mit Küchengarn umwickeln, auf ein genügend großes Stück Bratfolie legen, die Folie verschließen, auf dem Rost in den vorgeheizten Backofen schieben

Strom: 200
Gas: Etwa 3
Bratzeit: Etwa 1 Stunde
das gare Fleisch aus dem Backofen nehmen, kurze Zeit ruhen lassen, erst dann die Bratfolie öffnen, das Fleisch erkalten lassen, in Scheiben schneiden (Küchengarn entfernen), auf einer Platte anrichten, mit
Kerbelblättchen
Tomatenröschen
Maiskolben
Perlzwiebeln garnieren.
Beigabe: Dunkles Brot.

Kalbsschnitzel auf römische Art

(Abb. links)

Von
8 Kalbsschnitzeln (je 80–90 g) evtl. die Haut entfernen
3 Eßl. Olivenöl erhitzen, die Schnitzel darin von jeder Seite etwa 2 Minuten braten, mit
Salz
frisch gemahlenem Pfeffer bestreuen
8 Scheiben Parmaschinken (in der Größe der Schnitzel) in dem Bratfett von beiden Seiten anbraten
16 frische Salbeiblättchen hinzufügen, miterhitzen
jedes Schnitzel mit 1 Salbeiblättchen belegen, jeweils 1 Schinkenscheibe darauflegen
die Schnitzel zur Hälfte überklappen
jeweils 1 Salbeiblättchen mit einem Holzstäbchen darauf feststecken
den Bratensatz mit
125 ml (1/8 l) Weißwein auffüllen, zum Kochen bringen, über die Schnitzel gießen, warm oder kalt servieren
Bratzeit: Etwa 6 Minuten.
Beigabe: Stangenweißbrot, Tomatensalat.

Frühlingsplatte mit Avocado-Creme

(In der Bratfolie - 4 bis 6 Portionen)
(Abb. oben)

1 kg Schweinefleisch (Oberschale)	unter fließendem kaltem Wasser abspülen, trockentupfen, evtl. Haut und Fett entfernen, mit
Salz, Pfeffer	würzen, auf ein genügend großes Stück Bratfolie legen, die Folie verschließen, auf dem Rost in den vorgeheizten Backofen schieben
Strom:	200
Gas:	3-4
Bratzeit:	Etwa 1½ Stunden
4 Stangen Staudensellerie	putzen, waschen, in etwa 5 cm lange Stücke schneiden
2 mittelgroße Stangen Porree	putzen, längs halbieren, in etwa 5 cm lange Stücke schneiden, waschen von
2 Fenchelknollen	die schlechten Stellen abschneiden die Knollen waschen, vierteln oder achteln
2 große Möhren	putzen, schrappen, waschen, in etwa 5 cm lange (½ cm dicke) Stifte schneiden das Gemüse nacheinander in
kochendes Salzwasser	geben, zum Kochen bringen Staudensellerie 1-2 Minuten kochen, Porree 2-3 Minuten, Fenchel etwa 8 Minuten, Möhren etwa 5 Minuten, zuletzt
4-6 kleine Tomaten	kurze Zeit hineingeben, in kaltem Wasser abschrecken, enthäuten, die Stengelansätze herausschneiden, das Gemüse gut abtropfen lassen, in eine große, flache Schüssel legen

für die Marinade

3 Eßl. Salatöl	mit
3 Eßl. Kräuteressig	
Salz, Pfeffer, Zucker	verrühren, über das Gemüse verteilen von Zeit zu Zeit die Marinade in einer Ecke der Schüssel zusammenfließen lassen, erneut über das Gemüse geben 2-3 Stunden durchziehen und abtropfen lassen das gare Fleisch erkalten lassen,

	in dünne Scheiben schneiden, mit dem Gemüse auf einer großen Platte anrichten, mit
Petersilie	garnieren
	für die Avocado-Creme
1 reife Avocado	halbieren, entsteinen, dünn schälen, das Fruchtfleisch mit einem elektrischen Handrührgerät pürieren oder mit einer Gabel zerdrücken
1 Eßl. Zitronensaft	unterrühren
1 Knoblauchzehe	abziehen, durchpressen, hinzufügen
125 ml (1/8 l) Speiseöl	eßlöffelweise unterrühren, mit Pfeffer,
Zwiebelsalz Zitronensaft	abschmecken, in die ausgehöhlten Avocadohälften spritzen, mit
Petersilie	garnieren, mit auf der Platte anrichten.
Beigabe:	Bauernbrot.
Tip:	Avocado-Creme möglichst erst kurz vor dem Servieren zubereiten, da sich bei längerem Stehen das Öl evtl. von der Avocadomasse trennt.

Bierbrote

60 g weiche Butter	mit
1 Eßl. Senf **1 Eßl. geriebenem Meerrettich (aus dem Glas)**	verrühren, auf
2 Scheiben Bauernbrot	streichen, jede Brotscheibe halbieren
1 Zwiebel	abziehen, fein würfeln mit
125 g Thüringer Mett **2 Eßl. hellem Bier**	vermengen, mit
Salz, Pfeffer einigen Tropfen Zwiebelwürze	abschmecken
	aus der Masse mit nassen Händen 2 Bällchen formen, jeweils 1 Bällchen auf jede Brotscheibe legen
2 große Scheiben Knochenschinken	auf den Brotscheiben anrichten
2 Gewürzgurken	fächerartig einschneiden
4 Radieschen	putzen, waschen
1 Zwiebel	abziehen, in Ringe schneiden
einige Perlzwiebeln (aus dem Glas) **2 Maiskölbchen (aus dem Glas)** **2 eingelegte rote Pfefferschoten (aus dem Glas)**	die drei Zutaten abtropfen lassen
2 kleine Rettiche	schälen, mit einem Rettichschneider Spiralen schneiden, die Spiralen etwas auseinanderziehen
	die Brote mit den Gewürzgurken, Radieschen, Zwiebelringen, Perlzwiebeln, Maiskölbchen, Pfefferschoten, Rettichspiralen,
Petersilie	garnieren.

Essiggurken

(Abb. unten)

4 kg nicht zu große, gerade gewachsene Gurken	waschen, mit
Salzwasser (1 l Wasser und 75 g Salz)	bedecken, 12-24 Stunden an einem kühlen Ort stehenlassen, danach sorgfältig bürsten und abspülen, die Gurken einzeln mit einem Tuch abtrocknen, schlechte Stellen entfernen
375 g Perlzwiebeln	abziehen
75 g Meerrettich	putzen, waschen, in Stücke schneiden
Dill, Estragon	beide Zutaten waschen
	die Gurken abwechselnd mit den Zutaten in einen Steintopf schichten
	für die Essig-Zucker-Lösung
1½ l Weinessig (5%) **1½ l Wasser** **300-375 g Zucker**	zum Kochen bringen, von der Kochstelle nehmen
1 Päckchen Einmach-Hilfe	unterrühren
	so viel von der heißen Flüssigkeit über die Gurken gießen, daß sie gut bedeckt sind, erkalten lassen, den Topf verschließen.

Gepfefferte Schwedenhappen

2 Scheiben Vollkornbrot	mit
Butter	bestreichen, in
1-2 Bund feingeschnittenen Schnittlauch	drücken, vierteln
etwa 125 g Schwedenhappen	abtropfen lassen, auf den Brotstücken anrichten
2 Zwiebeln	abziehen, in Ringe schneiden, die Schwedenhappen damit garnieren, mit
frisch gemahlenem grünem Pfeffer	bestreuen.

Hexensalat

375 g Fleischwurst (im Stück)	enthäuten, längs halbieren, in Scheiben schneiden
2 Zwiebeln	abziehen, in Ringe schneiden
2 Gewürzgurken	in dünne Scheiben schneiden
2 Tomaten	waschen, abtrocknen, die Stengelansätze herausschneiden, die Tomaten in dünne Scheiben schneiden
1 gehäufter Teel. Kapern	
	für die Salatsoße
2-3 Eßl. Salatöl	mit
1 Teel. Essig	
4 Teel. Wasser	
1-2 Teel. Senf	verrühren, mit
Salz, Pfeffer, Zucker	abschmecken
2-3 Eßl. gehackte Petersilie	unterrühren, mit den Salatzutaten vermengen, durchziehen lassen, den Salat evtl. mit Salz, Pfeffer, Zucker abschmecken.

Schinkenplatte

(Abb. unten)

Etwa 1 kg westfälischen Knochenschinken (oder verschiedene Schinkensorten)	in Scheiben schneiden, auf einem Holzbrett anrichten
½ kleine Salatgurke	waschen, mit einem Buntmesser in Scheiben schneiden
1 Rettich	schälen, waschen, mit einem Rettichschneider zur Spirale schneiden
Radieschen	putzen, waschen, in gleichmäßigen Abständen viermal von oben nach unten bis zur Mitte einschneiden, jedes Viertel außen einmal halbrund einkerben, kurze Zeit in kaltes Wasser legen,
Gewürzgurken	mehrmals von oben nach unten einschneiden, fächerförmig auseinanderziehen
Tomaten	waschen, abtrocknen, in Achtel schneiden, die Stengelansätze herausschneiden
Petersilie	waschen, Stiele abschneiden die Schinkenplatte mit den 6 Zutaten garnieren.

Roulade grand chef

(Abb. oben)

4 große Rinderrouladen (etwa 750 g)	so nebeneinanderlegen, daß die Breitseiten schuppenförmig übereinanderliegen und eine große Fleischplatte entsteht das Fleisch dünn mit
Dijon-Senf	bestreichen, mit
Salz, Pfeffer	würzen
300–350 g Porree	putzen, längs halbieren oder vierteln, waschen, in
kochendes Salzwasser	geben, zum Kochen bringen, 2–3 Minuten kochen lassen, auf ein Sieb geben, mit kaltem Wasser übergießen, gut abtropfen lassen, nebeneinander auf die Fleischplatte legen
125 g Schinkenspeckscheiben	auf dem Gemüse verteilen
1 Scheibe Toastbrot	in kaltem Wasser einweichen, gut ausdrücken, mit
375 g Bratwurstmasse 1 Ei, 2 Eßl. gehackter Petersilie 2 Teel. grünem Pfeffer	vermengen, mit Salz, Pfeffer abschmecken die Masse auf dem Schinkenspeck verteilen
125 g feingewürfelte, gedünstete Champignons	darübergeben, die Fleischplatte aufrollen, mit Küchengarn umwickeln, die Roulade mit Salz, Pfeffer bestreuen
3 Eßl. Speiseöl	erhitzen, die Roulade von allen Seiten darin anbraten
250 ml (¼ l) Rotwein	hinzugießen, den Topf mit einem Deckel verschließen, auf dem Rost in den vorgeheizten Backofen schieben, schmoren lassen die Roulade ab und zu wenden, verdampfte Flüssigkeit nach und nach durch
250 ml (¼ l) Rotwein	ersetzen
Strom:	175–200
Gas:	3–4
Schmorzeit:	Etwa 1 Stunde die gare Roulade auf eine Platte legen, mit Alufolie abdecken erkalten lassen, Küchengarn entfernen, das Fleisch in Scheiben schneiden, mit
Kresse, Radieschen	garnieren die Schmorflüssigkeit durch ein Sieb gießen, erkalten lassen, entfetten
1 Becher (150 g) Crème fraîche	mit so viel Schmorflüssigkeit verrühren, daß eine cremeartige Soße entsteht, die Soße evtl. mit Salz, Pfeffer,
Zucker	abschmecken.
Beigabe:	Stangenweißbrot, gemischter Salat.

Suppen und Salate

Kräutersuppe

(Abb. S. 92/93)

1 kleine Stange Porree putzen, waschen, kleinschneiden, evtl. nochmals waschen
50 g Butter zerlassen, den Porree darin andünsten
30 g Instant-Haferflocken unterrühren
1 l heiße Instant-Hühnerbrühe hinzugießen
100 g gemischte Kräuter waschen, trockentupfen, fein hacken, in die Brühe geben, mit einem elektrischen Handrührgerät pürieren, die Suppe zum Kochen bringen, 2-3 Minuten kochen lassen
1 Eigelb mit
125 ml (1/8 l) Schlagsahne verschlagen, die Suppe damit legieren, mit
Zucker, Pfeffer
geriebener Muskatnuß abschmecken, mit
Brunnenkresse garnieren.

Rindfleischbrühe mit Schöberln

(Abb. oben)

1½ l Wasser zum Kochen bringen
250 g Beinscheibe (vom Rind)
2-3 Rindermarkknochen
beide Zutaten unter fließendem kaltem Wasser abspülen, in das kochende Wasser geben, zum Kochen bringen, abschäumen
1 Bund Suppengrün putzen, waschen, zerkleinern, in die Brühe geben
das Fleisch garziehen lassen
die Brühe durch ein Sieb gießen, mit
Salz, Suppenwürze abschmecken
Kochzeit: 2-2½ Stunden

für die Schöberln

2 Eiweiß mit
Salz, Zucker steifschlagen
2 Eigelb
4 gestrichene Eßl. Weizenmehl
2 gestrichene Eßl. geriebenen

Parmesan-Käse	
2 Eßl. feingeschnittenen Schnittlauch	unterziehen die Masse auf ein gefettetes, mit Mehl bestäubtes Backblech in der Größe von 20 × 20 cm streichen, in den Backofen schieben
Strom:	175-200
Gas:	3-4
Backzeit:	8-10 Minuten die gestockte Masse etwas abkühlen lassen, in kleine Rauten schneiden, in die Rindfleischbrühe geben.

Tomatensuppe mit Porreestreifen

Etwa 6 Portionen - Abb. oben rechts)

125 g Lankornreis	in
2 l kochendes Salzwasser	geben, zum Kochen bringen, 12-15 Minuten sprudelnd kochen lassen den garen Reis auf ein Sieb geben, mit kaltem Wasser übergießen, abtropfen lassen
2-3 Stangen Porree (etwa 375 g)	putzen, das dunkle Grün bis auf etwa 10 cm entfernen, die Stangen längs halbieren, in feine Streifen schneiden, gründlich waschen
2 mittelgroße Zwiebeln	abziehen
100 g durchwachsenen Speck	beide Zutaten in Würfel schneiden
750 g Tomaten	kurze Zeit in kochendes Wasser legen (nicht kochen lassen), in kaltem Wasser abschrecken, enthäuten, die Stengelansätze herausschneiden, die Tomaten in Scheiben schneiden
50 g Butter	zerlassen, Speck- und Zwiebelwürfel darin glasig dünsten lassen, Porreestreifen und Tomatenscheiben hinzufügen, etwa 10 Minuten darin dünsten lassen
1½ l heiße Fleischbrühe	hinzugießen, zum Kochen bringen etwa 25 Minuten kochen lassen
3 schwach gehäufte Eßl. Speisestärke	mit
4 Eßl. kalter Milch	anrühren, die Suppe damit binden, mit
Salz	abschmecken
1 Eßl. Tomatenmark	
2 Eßl. Portwein	unterrühren
2 Eigelb	mit
5 Eßl. Schlagsahne	verschlagen, die Suppe damit legieren, den Reis hineingeben, miterhitzen.

Tomatensuppe

(Abb. unten)

125 g durchwachsenen Speck	in Würfel schneiden
1 Eßl. Speiseöl	erhitzen, den Speck darin ausbraten
1 Zwiebel	
1 Knoblauchzehe	abziehen, würfeln, im Fett andünsten
1 kg reife Tomaten	waschen, abtrocknen, die Stengelansätze herausschneiden, die Tomaten in Stücke schneiden, in dem Speckfett andünsten, mit
Salz, Pfeffer	würzen
1 Eßl. gehackte Majoranblättchen	
1 Eßl. gehackte Basilikumblättchen	
500 ml (½ l) Wasser	hinzugeben, zum Kochen bringen, etwa 10 Minuten kochen lassen, die Tomaten mit der Flüssigkeit durch ein Sieb streichen, die Suppe erhitzen
1 Eigelb	mit
1 Teel. Speisestärke	
1 Eßl. Wasser	verschlagen, die Suppe damit binden
1 Eßl. gehackte Basilikumblättchen	unterrühren, die Tomaten-Suppe mit Salz, Pfeffer, abschmecken, auf 4 Suppentassen verteilen, je 1 Teel. von
4 Teel. Crème fraîche	auf jede Portion geben.

Gurken-Tomaten-Kaltschale

(Abb. oben)

1 Salatgurke (etwa 375 g)	schälen, längs halbieren, die Kerne mit einem Löffel auskratzen, in Wüfel schneiden, mit
Salz	bestreuen, etwa 5 Minuten stehenlassen
300 g Tomaten	waschen, halbieren, entkernen, die Stengelansätze herausschneiden, das Tomatenfleisch in Würfel schneiden
1 Becher (150 g) Dickmilch	mit
125 ml (1/8 l) Schlagsahne	verrühren (falls die Masse zu dicklich ist, noch etwas Milch hinzugießen)
1 Knoblauchzehe	abziehen, durchpressen, mit
1 Eßl. gehackter Petersilie	unterrühren, mit
Salz, Pfeffer	abschmecken Gurken- und Tomatenwürfel in die Masse geben, kalt stellen.
Gurke:	In sehr verschiedenen Größen und Formen vorkommendes Fruchtgemüse der Kürbisgewächse. Ursprungsland: Indien. Ganzjährig im Angebot sind die schlanken Haus- oder Schlangengurken, gewöhnlich als Salatgurken bezeichnet, meist aus Glashausanbau. Bei den Freilandgurken gibt es folgende Sortierungen: Delikateß- und Einlegegurken für Salz-, Essig- und Gewürzgurken sowie die großfruchtigen Schälgurken für Senfgurken und für Gemüse-Gerichte.

Kartoffelsuppe

500 g Kartoffeln	schälen, waschen, in Würfel schneiden
1 Bund Suppengrün	putzen, waschen, kleinschneiden die Zutaten in
1 l Instant-Fleischbrühe	zum Kochen bringen, garkochen lassen, durch ein Sieb streichen
2 mittelgroße Zwiebeln	abziehen
40 g durchwachsenen Speck	beide Zutaten in Würfel schneiden den Speck auslassen, die Zwiebeln darin andünsten, mit
2-3 Eßl. Weizenmehl	bestreuen, kurz mit erhitzen die Kartoffelbrühe hinzugießen, mit einem Schneebesen durchschlagen die Suppe zum Kochen bringen, etwa 10 Minuten schwach kochen lassen, mit
Fleischextrakt oder Suppenwürze	abschmecken, mit
2 Eßl. gehackter Petersilie	bestreuen
Kochzeit:	Etwa 30 Minuten.
Veränderung:	Die Suppe mit einem in Würfel geschnittenen, in Butter gebräunten Brötchen (Semmel) anrichten.

Curry-Rahmsuppe

375 g Schweineschnitzel	in Streifen schneiden
375 g Zwiebeln	abziehen, halbieren, in Scheiben schneiden
250 g Äpfel	schälen, vierteln, entkernen, in Stücke schneiden
3-4 Eßl. Speiseöl	erhitzen, das Fleisch von allen Seiten gut darin anbraten, mit
1 Eßl. Weizenmehl	bestäuben, Zwiebelscheiben und Apfelstücke hinzufügen, mit
Salz, Zucker 1 Teel. Paprika edelsüß 2 Teel. Currypulver	würzen
750 ml (3/4 l) Instant-Fleischbrühe	hinzugießen, garkochen lassen
25 g verlesene Rosinen	5 Minuten vor Beendigung der Kochzeit in die Suppe geben
1 Becher (150 g) Crème fraîche	unter die Suppe rühren, mit
Salz, Currypulver	abschmecken die Suppe mit
abgezogenen, gehobelten, gebräunten Mandeln	bestreuen
Kochzeit:	20-25 Minuten.

Feine Maissuppe

(Abb. unten)

	Von
3 großen Maiskolben (etwa 1 kg)	die Blätter mit den Fäden abziehen oder abschneiden die Maiskolben waschen, in
kochendes Salzwasser	geben, zum Kochen bringen, etwa 10 Minuten kochen, abtropfen lassen die Maiskörner von den Kolben lösen, etwa 500 g Maiskörner abwiegen, 150 g Maiskörner beiseite stellen, die restlichen pürieren, durch ein Sieb streichen
750 ml (¾ l) Hühnerbrühe	hinzugießen, zum Kochen bringen
3 Teel. Speisestärke	mit
2 Eßl. kaltem Wasser	anrühren, die Maissuppe damit binden, die zurückgelassenen Maiskörner hinzufügen, miterhitzen die Suppe mit
Salz frisch gemahlenem Pfeffer Zwiebelsalz	würzen
2 Eigelb	mit
125 ml (⅛ l) Schlagsahne	verschlagen, die Suppe damit abziehen, mit
1 Eßl. feingeschnittenem Schnittlauch	bestreuen
Kochzeit:	Etwa 15 Minuten.
Beigabe:	Bauernbrot oder Weißbrot.

Erbsensuppe mit Schwammklößchen

(Abb. oben)

250 g ausgepalte Erbsen (etwa 500 g mit Schoten)	waschen
2 Eßl. Margarine	zerlassen, die Erbsen darin andünsten
1 l Fleischbrühe	hinzugießen, zum Kochen bringen, die Erbsen etwa 7 Minuten kochen lassen
	für die Schwammklößchen
35 g Butter	zerlassen
65 g Weizenmehl	mit
125 ml (1/8 l) Milch	
1/2 Eiweiß	verrühren, zu der Butter geben, unter Rühren erhitzen, bis sich die Masse vom Topfboden löst, etwas abkühlen lassen
1 Eßl. Butter	geschmeidig rühren, mit
2 Eigelb	verrühren die Kloßmasse unterrühren, mit
Salz	
Pfeffer	
geriebener Muskatnuß	würzen
1 1/2 Eiweiß	steifschlagen, unterheben von der Masse mit 2 Eßlöffeln Klößchen abstechen, in die Erbsensuppe geben, zum Kochen bringen, zugedeckt in etwa 10 Minuten garziehen lassen (die Schwammklößchen während des Garziehens ab und zu vorsichtig umrühren) die Erbsensuppe mit
gehackter Petersilie	bestreuen, sofort servieren.

Vichyssoise

1 l Fleischbrühe	zum Kochen bringen
500 g Kartoffeln	schälen, waschen, würfeln
1-2 Stangen Porree	putzen, gründlich waschen, in Ringe schneiden, evtl. nochmals waschen beide Zutaten in die Fleischsuppe geben, zum Kochen bringen, garkochen lassen die Suppe mit einem elektrischen Handrührgerät pürieren
125 ml (1/8 l) Schlagsahne	unterrühren, die Suppe mit
frisch gemahlenem weißem Pfeffer	
Speisewürze	abschmecken, kalt servieren
Kochzeit:	Etwa 25 Minuten.

Consommé royal

2 Eier	mit
4 Eßl. kalter Milch	
Salz	
geriebener Muskatnuß	verschlagen, in ein gefettetes Gefäß füllen, mit Alufolie verschließen, in kochendes Wasser stellen, das Wasser wieder zum Kochen bringen, den Topf mit einem Deckel verschließen (das Wasser nicht mehr kochen lassen) die Masse stürzen, wenn sie fest geworden ist, in Würfel schneiden
1 l Instant-Fleischbrühe	zum Kochen bringen
50 g Lachsschinken	in feine Streifen schneiden, mit
100 g gedünsteten Erbsen	und dem Eierstich in die Fleischbrühe geben, miterhitzen die Suppe mit
feingehackter Petersilie	bestreuen
Kochzeit:	Etwa 30 Minuten.

Belgische Champignonsuppe

(Abb. unten)

500 g Champignons	putzen, waschen, in sehr dünne Scheiben schneiden, sofort mit
Zitronensaft	beträufeln
1 Zwiebel	abziehen, würfeln
50 g Butter	zerlassen, Zwiebel und Champignons 15-20 Minuten darin dünsten lassen
1 l heiße Instant-Fleischbrühe	hinzugießen, zum Kochen bringen
1 gestrichenen Eßl. Weizenmehl	mit
125 ml (⅛ l) Schlagsahne	anrühren, in die kochende Suppe rühren, etwa 8 Minuten kochen lassen, die Suppe mit
Salz, Pfeffer	
geriebener Muskatnuß	abschmecken
gehackte Petersilie	in die Suppe geben
Garzeit:	Etwa 30 Minuten.
Veränderung:	1 hartgekochtes Ei pellen, kleinhacken, 2 enthäutete Tomaten halbieren, entkernen, in Würfel schneiden, in die Suppe geben.

Pürierte Erbsensuppe

(Abb. oben)

50 g durchwachsenen Speck	in Scheiben schneiden
1 Eßl. Butter	erhitzen, die Speckscheiben darin ausbraten
1 Zwiebel	abziehen
300 g ausgepalte Erbsen (etwa 700 g mit Schoten)	waschen, abtropfen lassen, mit der Zwiebel,
2–3 Eßl. gehackter Petersilie	
250 ml (¼ l) kochendem Wasser	zu den Speckscheiben geben, zum Kochen bringen, etwa 15 Minuten dünsten lassen Zwiebel und Speck herausnehmen, die Erbsen pürieren den Erbsenbrei mit Wasser auf 750 ml (¾ l) auffüllen, zum Kochen bringen
2 Messerspitzen Fleischextrakt	unterrühren, die Erbsensuppe mit
Salz	
weißem Pfeffer	würzen
1 Eßl. Butter	unterrühren
4 Wiener Würstchen	in die Suppe geben, miterhitzen
1 Scheibe Toastbrot	in Würfel schneiden
1 Eßl. Butter	zerlassen, die Toastbrotwürfel darin goldgelb rösten, auf die Suppe geben
Garzeit:	Etwa 20 Minuten.

Gulaschsuppe

300 g Zwiebeln	abziehen, in Scheiben schneiden
1 rote und 1 grüne Paprikaschote (etwa 400 g)	halbieren, entstielen, entkernen, die weißen Scheidewände entfernen, die Schoten waschen, in feine Streifen schneiden
250 g Rindfleisch	waschen, abtrocknen, in kleine Würfel schneiden
60 g Margarine	zerlassen, die Zwiebelscheiben darin hellgelb dünsten lassen, Paprikastreifen,
3 schwach gehäufte Eßl. Tomatenmark	hinzufügen, andünsten, das Fleisch, etwa 250 ml (¼ l) von
1½ l heißem Wasser	
2 Brühwürfel (für 1 l), Salz	
Paprika extra-scharf	
Gulasch-Gewürz	
Knoblauchsalz	hinzufügen, gut umrühren, dünsten lassen, 30 Minuten vor Beendigung der Garzeit das restliche Wasser hinzugießen, garkochen lassen
3 gestrichene Teel. Speisestärke	mit
2 Eßl. kaltem Wasser	anrühren, die Suppe damit binden, mit
Tabascosoße	abschmecken
Garzeit:	Etwa 1¼ Stunden.
Veränderung:	300 g geschälte, gewaschene, in kleine Würfel geschnittene Kartoffeln 20 Minuten vor Beendigung der Kochzeit in die Suppe geben.

Florentiner Spinatsuppe

(Abb. unten)

1 Eßl. Butter	in einer Pfanne zerlassen
1 Ei	vorsichtig aufschlagen, von beiden Seiten braten, abkühlen lassen, in Streifen schneiden, beiseite stellen
75 g Spinat	sorgfältig verlesen und waschen, in
wenig kochendes Wasser	geben, kurz aufkochen, abtropfen lassen, fein hacken
1 Zwiebel	abziehen, fein würfeln
1 Eßl. Butter	zerlassen, die Zwiebelwürfel glasig dünsten lassen
15 g Weizenmehl	darüberstäuben
500 ml (½ l) Instant-Fleischbrühe	hinzugießen, mit einem Schneebesen durchschlagen, darauf achten, daß keine Klumpen entstehen, unter Rühren zum Kochen bringen, etwa 10 Minuten kochen lassen, den Spinat hinzufügen, miterhitzen, mit
Salz, Pfeffer geriebener Muskatnuß	würzen, die Eistreifen,
2 Eßl. Crème fraîche	vorsichtig unterrühren
Garzeit:	Etwa 20 Minuten.

Gratinierte Lauchsuppe
(Abb. unten)

375 g Porree (vorbereitet gewogen) gründlich waschen, in Ringe schneiden (evtl. nochmals waschen)
3-4 Eßl. Speiseöl erhitzen, das Gemüse darin andünsten
1 l Wasser hinzugießen
3 gestrichene Eßl. Körnige Instant-Fleischbrühe unterrühren, zum Kochen bringen, garkochen lassen
1-2 Eßl. Speisestärke mit
1 Eigelb
4 Eßl. kalter Milch anrühren, die Suppe damit binden
1 Eiweiß steifschlagen, mit
50 g geriebenem Käse, z. B. Emmentaler vermengen
die Suppe auf vorgewärmte Suppentassen oder -teller verteilen, auf jede Portion etwas von der Eischnee-Käsemasse geben, im vorgeheizten Grill kurz überbacken
Garzeit: 15-20 Minuten.

Wildsuppe
(Resteverwertung)

Kleingehackte Wildknochen (Hasengerippe, Rebhuhn-, Rehknochen)	unter fließendem kaltem Wasser abspülen
1 mittelgroße Zwiebel	abziehen, in Scheiben schneiden
1 Bund Suppengrün	putzen, waschen, kleinschneiden
1-2 Eßl. Margarine	erhitzen, die Knochen mit
100 g rohen Schinkenwürfeln	darin bräunen, Zwiebel und Suppengrün hinzufügen, kurz miterhitzen
1½ l heißes Wasser	
4 Pfefferkörner	
2 Pimentkörner (Nelkenpfeffer)	
1 Gewürznelke	
1 kleines Lorbeerblatt	hinzufügen, zum Kochen bringen, garkochen lassen, die Brühe durch ein Sieb gießen, entfetten, das Fleisch von den Knochen lösen, in feine Streifen schneiden
40 g Margarine	zerlassen
50 g Weizenmehl	unter Rühren so lange darin erhitzen, bis es dunkelbraun ist, die Brühe hinzugießen, mit einem Schneebesen durchschlagen, darauf achten, daß keine Klumpen entstehen, die Suppe zum Kochen bringen, etwa 5 Minuten kochen lassen, mit
Salz	
1-2 Eßl. Zitronensaft	
Madeira	
Zucker	abschmecken, das Fleisch hinzugeben
Kochzeit:	Etwa 2 Stunden.
Veränderung:	Die Suppe statt mit einer Mehlschwitze mit 40 g kalt angerührter Speisestärke binden.

Hühnerbrühe mit Einlage

1 l Hühnerbrühe	zum Kochen bringen
50 g Nudeln oder Brühreis (Langkorn)	hineinstreuen, umrühren, zum Kochen bringen, garkochen lassen
vorbereitete Blumenkohlröschen	
Spargelstückchen	in der Suppe garkochen lassen, die Suppe mit
Fleischextrakt oder Suppenwürze	abschmecken, mit
1 Eßl. gehackter Petersilie	bestreuen
Kochzeit für die Nudeln:	10-15 Minuten
für den Reis:	20-30 Minuten.

Porreesuppe
(Abb. oben)

375 g Porree	putzen, längs halbieren, in feine Ringe schneiden
50 g Speck	in Würfel schneiden, auslassen, den Porree darin andünsten, mit
30 g Weizenmehl	bestreuen, kurz miterhitzen
1 l Instant-Fleischbrühe	hinzugießen, mit einem Schneebesen durchschlagen, darauf achten, daß keine Klumpen entstehen, die Suppe zum Kochen bringen, garkochen lassen
20 g Speisestärke	mit
4 Eßl. kalter Milch	anrühren, die Suppe damit binden mit
1 Eigelb	mit
2 Eßl. kaltem Wasser	verschlagen, die Suppe damit legieren, mit
Salz, Suppenwürze	
geriebener Muskatnuß	abschmecken, mit
2 Eßl. gehackter Petersilie	bestreuen
Kochzeit:	Etwa 10 Minuten.
Veränderung:	100 g in Würfel geschnittenen, gekochten Schinken in wenig Butter oder Margarine bräunen lassen, in die Porreesuppe geben.

Forellen-Cremesuppe

(2–3 Portionen)

40 g Butter	zerlassen
1 Eßl. Weizenmehl	unter Rühren so lange darin erhitzen, bis es hellgelb ist
500 ml (½ l) Instant-Hühnerbrühe	hinzugießen, mit einem Schneebesen durchschlagen, zum Kochen bringen, etwa 3 Minuten kochen lassen
1 geräuchertes Forellenfilet	enthäuten, in kleine Stücke zerpflücken, in die Suppe geben, mit
weißem Pfeffer Zitronensaft Worcestersoße Weißwein Rauchsalz	abschmecken
1–2 Eßl. Crème fraîche	
1 Eßl. Butter	unterrühren
	die Suppe kurz aufkochen lassen, mit
1 Eßl. gehackter Petersilie	bestreuen
Kochzeit:	Etwa 5 Minuten.
Beigabe:	Toastbrot mit Kräuterbutter.

Kalte Avocadosuppe Girlow

2 reife Avocados (etwa 500 g)	halbieren, entsteinen, das Fruchtfleisch aus den Schalen lösen, durch ein Sieb streichen
200 ml (⅕ l) Schlagsahne	steifschlagen, mit dem Avocadopüree vermengen
500 ml (½ l) Fleischbrühe	unterrühren, die Suppe mit
Salz frisch gemahlenem weißem Pfeffer Zucker	abschmecken, kalt stellen
	kurz vor dem Servieren
4 Teel. Crème fraîche	auf die Suppentassen verteilen, mit
gehackten Basilikumblättchen oder gehackten Zitronenmelisseblättchen	bestreuen.
Beigabe:	Käsestangen.

Erbsensuppe mit Hummerkrabben

(Abb. oben)

1 kg Roastbeefknochen	waschen, in
2 l kaltem Wasser	zum Kochen bringen, abschäumen
1 Bund Suppengrün	putzen, waschen, grob zerkleinern
1 Bund glatte Petersilie	waschen
	beide Zutaten mit
2 Lorbeerblättern 1 Teel. weißen Pfefferkörnern	in die Flüssigkeit geben, zum Kochen bringen, in etwa 1 Stunde auf 750 ml (¾ l) Brühe einkochen lassen, mit
Salz	würzen, durch ein Sieb gießen

etwa 450 g ausgepalte Erbsen (etwa 1 kg mit Schoten)	waschen, in die Brühe geben, zum Kochen bringen, in etwa 15 Minuten garkochen lassen, etwas pürieren
2 Eigelb	mit
4 Eßl. Schlagsahne	verschlagen, die Suppe damit legieren (nicht mehr kochen)
2-3 Eßl. gehackte Kerbelblättchen	unterrühren, die Suppe mit Salz abschmecken, warm stellen
4 küchenfertige Hummerkrabben (etwa 200 g)	unter fließendem kaltem Wasser abspülen, trockentupfen
1-2 Eßl. Butter	zerlassen, die Hummerkrabben darin von jeder Seite 2-3 Minuten braten, auf 4 vorgewärmte Teller geben, sofort servieren
Kochzeit:	1¼ Stunden.
Beigabe:	Stangenweißbrot.

Spargelsuppe

250 g Suppenspargel	von oben nach unten schälen, darauf achten, daß Schalen und holzige Stücke völlig entfernt, die Köpfe aber nicht verletzt werden den Spargel waschen, in 3 cm lange Stücke schneiden, in
1 l kochendes Salzwasser	geben, zum Kochen bringen, garkochen lassen das Spargelwasser durch ein Sieb gießen
40 g Butter	zerlassen
40 g Weizenmehl	unter Rühren so lange darin erhitzen, bis es hellgelb ist, das Gemüsewasser,
250 ml (¼ l) Milch	hinzugießen, mit einem Schneebesen durchschlagen, zum Kochen bringen, etwa 10 Minuten kochen lassen, die Spargelstückchen hinzugeben, nach Belieben
1 Eigelb	mit
2 Eßl. Sahne oder Dosenmilch	verschlagen, die Suppe damit legieren, mit
Salz	abschmecken
Kochzeit:	Etwa 30 Minuten.

Blumenkohlsuppe

375 g vorbereiteten Blumenkohl	in Röschen teilen, waschen, in
750 ml (¾ l) kochendes Salzwasser	geben, zum Kochen bringen, garkochen lassen, das Blumenkohlwasser durch ein Sieb gießen, mit Wasser auf 750 ml (¾ l) auffüllen
40 g Butter oder Margarine	zerlassen
40 g Weizenmehl	unter Rühren so lange darin erhitzen, bis es hellgelb ist, das Gemüsewasser,
250 ml (¼ l) Milch	hinzugeben, mit einem Schneebesen durchschlagen, darauf achten, daß keine Klumpen entstehen, die Suppe zum Kochen bringen, etwa 10 Minuten schwach kochen lassen
1 Eigelb	mit
2 Eßl. kaltem Wasser	verschlagen, die Suppe damit legieren, mit
Salz Suppenwürze geriebener Muskatnuß	abschmecken, die Blumenkohlröschen hinzugeben
Kochzeit:	30-40 Minuten.

Zwiebelsuppe

(Abb. unten)

375 g Zwiebeln	abziehen, in Scheiben schneiden
75 g Margarine	zerlassen, die Zwiebelscheiben darin andünsten
1 l Instant-Fleischbrühe	hinzugießen, garkochen lassen die Suppe mit
Salz, Pfeffer	
4 Eßl. Weißwein	abschmecken
Kochzeit:	Etwa 20 Minuten.
Veränderung:	Suppe in feuerfeste Tassen füllen, Weißbrotwürfel, in Butter gebräunt, darauf verteilen, mit geriebenem Käse bestreuen, im vorgeheizten Grill überbacken, sofort servieren.

Kaki-Salat, pikant

(Abb. oben)

4 feste Kaki (etwa 500 g)	waschen, abtrocknen, die Stengelansätze herausschneiden, die Kaki halbieren, entsteinen, die Kakihälften in dünne Scheiben schneiden
1 großen Apfel (etwa 200 g)	schälen, vierteln, entkernen, in Scheiben schneiden, mit
Zitronensaft	beträufeln
1 mittelgroße Zwiebel	abziehen, in Scheiben schneiden, in Ringe teilen
	4 Portionsschüsseln mit
gewaschenen Salatblättern	auslegen, die Salatzutaten darauf anrichten
	für die Salatsoße
2 Eßl. Salatöl	mit
2 Eßl. Essig	
4–5 Eßl. Sojasoße	verrühren, evtl. mit
Zucker	abschmecken, über die Salatzutaten geben, etwas durchziehen lassen.

Staudensellerie-Salat mit Äpfeln

(4–6 Portionen)

½ Kopf krausen Endiviensalat	putzen, waschen, gut abtropfen lassen
500 g Staudensellerie	putzen, waschen, in dünne Scheiben schneiden
2 mittelgroße rote Äpfel	achteln, entkernen, in dünne Scheiben schneiden

	für die Salatsoße
1 Becher (150 g) Sahnejoghurt	mit
1-2 Eßl. geriebenem Meerrettich (aus dem Glas)	
3-4 Eßl. Zitronensaft	
2-3 Teel. Zucker	verrühren, mit
Salz	abschmecken
125 ml (1/8 l) Schlagsahne	steifschlagen, unterheben
100 g Walnußkerne	(einige zum Garnieren zurücklassen) grob hacken, unterheben Staudensellerie und Äpfel mit der Soße vermengen, in eine mit den Endivienblättern ausgelegte Salatschale füllen, mit den zurückgelassenen Walnußkernen garnieren.

Eisberg-Kiwi-Salat

(4-6 Portionen)

	Von
½ Kopf Eisbergsalat	evtl. welke Blätter entfernen, die anderen vom Strunk lösen, in mundgerechte Stücke zerpflücken, waschen, abtropfen lassen
2-3 Zucchini	waschen, evtl. schälen
3 Kiwis	schälen beide Zutaten in Scheiben schneiden
200 g Staudensellerie	putzen, waschen, in 3 cm dicke Stücke schneiden
125 g Lachsschinken	in Streifen schneiden
	für die Salatsoße
3 Eßl. Salatöl	mit
4 Eßl. Zitronensaft	verrühren, mit
Salz, Pfeffer, Zucker	abschmecken
1 Eßl. gehackten Estragon	unterrühren, mit den Salatzutaten vermengen
30 g Pistazienkerne	über den Salat streuen.

Eisbergsalat Thessa

(4-6 Portionen - Abb. unten)

	Von
1 Kopf Eisbergsalat	die äußeren Blätter entfernen, die übrigen vom Strunk lösen, zerpflükken, waschen, gut abtropfen lassen
2 Apfelsinen (etwa 300 g)	schälen, filieren
1 Apfel (etwa 150 g)	schälen, vierteln, entkernen beide Zutaten in Stücke schneiden den Apfel mit
Zitronensaft	beträufeln
etwa 150 g grüne Weintrauben	waschen, entstielen, gut abtropfen lassen, halbieren, entkernen die Salatzutaten in einer Glasschüssel oder in Portionsschälchen anrichten
	für die Salatsoße
4 Eßl. Schlagsahne	mit
2 Eßl. Zitronensaft	verrühren, mit
Salz, Pfeffer, Zucker	würzen, über die Salatzutaten geben den Salat mit
2-3 Eßl. Kresseblättchen	bestreuen, sofort servieren.

Tomatenschüssel Gerona

(Abb. rechts)

500 g Tomaten	kurze Zeit in kochendes Wasser legen (nicht kochen lassen), in kaltem Wasser abschrecken, die Stengelansätze herausschneiden, die Tomaten in Scheiben schneiden
2 große Zwiebeln	abziehen, in Scheiben schneiden, mit den Tomatenscheiben in einer Schüssel anrichten
	für die Salatsoße
2 Knoblauchzehen	abziehen, fein würfeln
1 hartgekochtes Ei	pellen, das Eiweiß in Würfel schneiden, beiseite stellen, das Eigelb durch ein Sieb streichen
3 Eßl. Salatöl	mit
2 Eßl. Essig	
½ Teel. Senf	
Salz	
Pfeffer	
Zucker	verrühren, die Knoblauchwürfel und das durchgestrichene Eigelb unterrühren die Salatsoße über die Salatzutaten gießen
75 g durchwachsenen Speck	in kleine Würfel schneiden, knusprig braun braten, mit dem gehackten Eiweiß zu dem Salat geben, nach Belieben mit
2-3 Eßl. gehacktem Basilikum	bestreuen.

Salatplatte

(4-6 Portionen)

	Von
1 kleinen Kopf Salat	die welken Blätter entfernen, die anderen vom Strunk lösen, die großen Blätter teilen, die Herzblätter ganz lassen, den Salat waschen, gut abtropfen lassen oder trockenschleudern
1 grüne und 1 rote Paprikaschote (etwa 300 g)	halbieren, entstielen, entkernen, die weißen Scheidewände entfernen, die Schoten waschen, in Streifen schneiden
4 große Tomaten	waschen, abtrocknen, in Scheiben schneiden, die Stengelansätze herausschneiden
3-4 Zwiebeln oder 1 Gemüsezwiebel	abziehen, in Scheiben schneiden
½ Salatgurke	waschen, abtrocknen, in dünne Scheiben schneiden
etwa 300 g Maiskörner (aus der Dose)	
etwa 285 g Thunfisch (aus der Dose)	beide Zutaten abtropfen lassen die Salatzutaten auf einer großen Platte anrichten
	für die Salatsoße
2 Becher (je 150 g) Crème fraîche	mit
2-3 Eßl. Tomaten-Ketchup	
2-3 Eßl. Milch	verrühren, mit
Salz, Pfeffer, Zucker	abschmecken, über die Salatzutaten verteilen, mit
gehackter Petersilie	
gehacktem Dill	
feingeschnittenem Schnittlauch	bestreuen.

Tomaten-Thunfisch-Salat

500 g Tomaten	waschen, abtrocknen, die Stengelansätze herausschneiden, die Tomaten in Scheiben schneiden
2 große rote Zwiebeln	abziehen, in Scheiben schneiden, in Ringe teilen
etwa 200 g Thunfisch in Öl (aus der Dose)	mit dem Öl in eine Schüssel geben,

	den Thunfisch mit 2 Gabeln etwas lockerzupfen
	für die Salatsoße
3 Eßl. Salatöl	mit
2 Eßl. Rotweinessig	
Salz, Pfeffer, Zucker	verrühren die Salatsoße mit den Salatzutaten vermengen, den Salat kurze Zeit durchziehen lassen, mit
2 Eßl. gehackter Petersilie	bestreuen.

Broccoli-Cocktail

(Abb. rechts)

	Von
etwa 250 g Broccoli	die äußeren Blätter entfernen, die Stengel am Strunk schälen, bis kurz vor den Röschen kreuzweise einschneiden, waschen, die Broccoliröschen in
kochendes Salzwasser	geben, zum Kochen bringen, garkochen, abtropfen und erkalten lassen, kleinschneiden (einige zum Garnieren zurücklassen)
3 Tomaten	kurze Zeit in kochendes Wasser legen (nicht kochen lassen), in kaltem Wasser abschrecken, enthäuten, die Stengelansätze herausschneiden, die Tomaten in Würfel schneiden
125 g Camembert	in Würfel schneiden
	für die Cocktailsoße
1 Becher (150 g) Crème fraîche	mit
1 Glas (2 cl) Pernod	verrühren, mit
Salz, Pfeffer	abschmecken, 4 Cocktailgläser mit
Salatblättern	auslegen, die Cocktailzutaten darauf anrichten, mit der Salatsoße übergießen den Cocktail mit den restlichen Broccoliröschen
gehackten Pistazienkernen	garnieren
Kochzeit:	10-12 Minuten.

Möhren-Rohkost mit Walnußkernen

750 g Möhren	putzen, schrappen, waschen, fein raspeln
	für die Soße
5-6 Eßl. Zitronensaft	mit
4 Eßl. Walnußöl	
2-3 Eßl. Zucker	vermengen, mit
Salz, Pfeffer	würzen, mit den geraspelten Möhren vermengen
75 g Walnußkernen	grob hacken, unterheben, etwa 15 Minuten durchziehen lassen, portionsweise auf
gewaschenen Salatblättern	anrichten, mit
Zitronenscheiben (unbehandelt)	garnieren.

Andalusische Salat-Schüssel

(Abb. unten)

	Von
1 Kopfsalat	die äußeren Blätter entfernen, die übrigen vom Strunk lösen, die großen Blätter teilen, die Herzblätter ganz lassen den Salat waschen, abtropfen lassen
½ Salatgurke	gründlich waschen, abtrocknen, in feine Scheiben schneiden oder hobeln
½ Gemüsezwiebel	abziehen, in Scheiben schneiden, in Ringe teilen
3 Fleischtomaten (etwa 500 g)	waschen, abtrocknen, die Stengelansätze herausschneiden, die Tomaten achteln
50 g Anchovis-Filets (aus dem Glas)	kurze Zeit wässern, abtropfen lassen
5 hartgekochte Wachteleier	pellen, halbieren
15-20 spanische Oliven, mit Paprika gefüllt	halbieren
	für die Salatsoße
6 Eßl. Olivenöl	mit
4 Eßl. Kräuteressig	verrühren, mit
Salz, Pfeffer Zucker	würzen, mit den Salatzutaten vermengen den Salat kurze Zeit durchziehen lassen, mit
gehackter Petersilie	bestreuen.

Geflügelsalat

375 g gebratenes Geflügelfleisch	in Streifen schneiden
225 g Mandarinenspalten (aus der Dose) **175 g gedünstete Champignonscheiben** **175 g gekochte Spargelstücke**	die drei Zutaten abtropfen lassen, die Spargelstücke in 3 cm lange Stücke schneiden
	für die Mayonnaise
1 Eigelb	mit
1 Eßl. Essig **1 schwach gehäuften Teel. Senf** **Salz, Zucker, Pfeffer**	in einer Rührschüssel mit einem Schneebesen oder mit einem elektrischen Handrührgerät mit Rührbesen zu einer dicklichen Masse schlagen, darunter
125 ml (⅛ l) Salatöl	schlagen (bei dieser Zubereitung ist es nicht notwendig, das Öl tropfenweise zuzusetzen, es wird in Mengen von 1-2 Eßl. untergeschlagen, die an das Eigelb gegebenen Gewürze verhindern eine Gerinnung) die Salatzutaten mit der Mayonnaise vorsichtig vermengen den Salat gut durchziehen lassen.

Fenchelsalat

(Abb. oben)

2 Fenchelknollen	putzen, waschen, in feine Streifen schneiden
2-3 feste Tomaten	kurze Zeit in kochendes Wasser legen (nicht kochen lassen), in kaltem Wasser abschrecken, enthäuten, die Stengelansätze herausschneiden, die Tomaten vierteln
	für die Salatsoße
1 Knoblauchzehe	abziehen, zerdrücken
1 Zwiebel	abziehen, fein würfeln beide Zutaten mit dem
Saft von 1 Zitrone	
3 Eßl. Salatöl	verrühren, mit
Salz, Pfeffer, Zucker	abschmecken, mit den Fenchelstreifen und den Tomatenvierteln vermengen
gewaschene Kresse	
1 Eßl. gehackte Walnußkerne	darüberstreuen.

Endiviensalat

	Von
1 mittelgroßen Kopf Endivie	Wurzel und äußere Blätter abschneiden, die übrigen Blätter übereinanderlegen, in nudelartige Streifen schneiden, sorgfältig waschen, sollte die Endivie bitter sein, sie ½ Stunde in lauwarmes Wasser legen
	für die Salatsoße
3 Eßl. Salatöl	mit
2 Eßl. Essig	
Salz	
Zucker	
Pfeffer	verschlagen
1 Eßl. gehackte Kräuter (Kresse, Schnittlauch)	unterrühren den Salat mit der Soße vermengen.

Sommersalat
(Abb. links)

100-150 g Gartenkresse	verlesen, vorsichtig abspülen, trockentupfen, die Blättchen von den Stielen streifen, eine flache Schüssel oder einen Teller damit auslegen
1 Bund Radieschen	putzen, waschen, in Scheiben schneiden
4 Tomaten	waschen, abtrocknen, die Stengelansätze herausschneiden, die Tomaten in Scheiben schneiden, kranzförmig auf der Kresse anrichten, mit
Salz	
Pfeffer	bestreuen, die Radieschenscheiben auf die Tomatenscheiben geben
	für die Salatsoße
2 Eßl. Salatöl	mit
3 Eßl. Essig	
1 Teel. Senf	
Zucker	verrühren, die Salatsoße über die Salatzutaten geben nach Belieben
1-2 hartgekochte Eier	pellen, hacken, über den Salat streuen.

Kräuterfrischkäse im Kressebett
(Abb. links)

75 g Butter	zerlassen, mit
200 g Doppelrahm-Frischkäse	geschmeidig rühren
1 Eßl. Crème fraîche	
etwas abgeriebene Zitronenschale (unbehandelt)	unterrühren
1 kleine Knoblauchzehe	abziehen, durchpressen, mit
1 Teel. Thymianblättchen	
1 Eßl. gehackter Petersilie	
1 Eßl. gehacktem Dill	
1 Eßl. feingeschnittenem Schnittlauch	
1 Eßl. gehackten Borretschblättchen	
1 Eßl. gehackten Zitronenmelisseblättchen	
1 Eßl. gehackten Basilikumblättchen	
Salz, Pfeffer	unter die Käsecreme rühren, mit würzen den Käse in eine kleine Schüssel geben, 4-5 Stunden kalt stellen
30-40 g Gartenkresse	verlesen, vorsichtig abspülen, trockentupfen, einen Teller damit auslegen, den Kräuterfrischkäse daraufgeben.

Pariser Salat
(Abb. unten)

375 g blaue und grüne Weintrauben	waschen, halbieren, entkernen
175 g gedünstete Champignons	in Scheiben schneiden
250 g gebratenes Hähnchenbrustfilet	in Streifen schneiden
200 g Käse (z. B. Gouda in Scheiben)	in kleine Quadrate schneiden
	für die Mayonnaise
1 Eigelb	mit
1-2 Teel. Senf	
Salz, Pfeffer, Zucker	
1-2 Eßl. Essig	zu einer dicklichen Masse schlagen nach und nach
125 ml (1/8 l) Salatöl	unterschlagen
3 Eßl. Joghurt	unterrühren, mit den Salatzutaten vermengen den Salat nach Belieben mit
Weintrauben	
Champignons	
Liebstöckel	garnieren.

Avocados mit Kräuter-Marinade

(Abb. unten)

	Von
etwa 100 g Radicchio	die Wurzelenden abschneiden, die welken Blätter entfernen, die anderen auseinanderpflücken (größere Blätter teilen)
	von
½ Kopf Friséesalat	die äußeren Blätter entfernen, die übrigen vom Strunk lösen Radicchio und Friséesalat gründlich waschen, gut abtropfen lassen, auf Portionstellern anrichten
3 Avocados (etwa 750 g)	längs halbieren, entsteinen, schälen, quer in Scheiben schneiden
	für die Kräuter-Marinade
2 Frühlingszwiebeln	putzen, das dunkle Grün bis auf etwa 15 cm entfernen, die Knollen evtl. abziehen, waschen, fein würfeln
1 Knoblauchzehe	abziehen, durchpressen
1 Eßl. Kapern	fein hacken die drei Zutaten mit
4 Eßl. Salatöl **4 Eßl. Sherry-Essig** **1-2 Eßl. Wasser**	verrühren, mit
Salz, Pfeffer, Zucker	würzen
2-3 Eßl. Kresseblättchen	unterrühren, vorsichtig mit den Avocadoscheiben vermengen, auf den Salatblättern anrichten.

Mango-Eisberg-Salat

	Von
1 kleinen Kopf Eisbergsalat	die äußeren Blätter entfernen, die übrigen vom Strunk lösen, zerpflükken, waschen, gut abtropfen lassen
1 reife Mango	schälen, entkernen, das Fruchtfleisch in kleine Stücke schneiden
100 g gekochte Schinkenscheiben	in kleine Quadrate schneiden
2 hartgekochte Eier	pellen
5-6 Radieschen	putzen, waschen Eier und Radieschen in Scheiben schneiden die Zutaten in einer Glasschüssel anrichten
	für die Salatsoße
1 Becher (150 g) Crème fraîche	mit
125 ml (⅛ l) Milch **1 Eßl. Tomaten-Ketchup**	verrühren, mit
Zitronensaft **Salz** **frisch gemahlenem weißem Pfeffer** **Paprika edelsüß** **Zucker**	würzen
1-2 Eßl. gemischte, gehackte Kräuter (Petersilie, Estragon, Schnittlauch, Kresse)	unterrühren, über die Salatzutaten geben den Salat sofort servieren.

Salat Nouvelle Cuisine

(Etwa 2 Portionen - Abb. oben)

10 g getrocknete Morcheln unter fließendem kaltem Wasser gründlich abspülen, in so viel
Wasser einweichen, daß die Morcheln gut bedeckt sind, etwa 2 Stunden stehenlassen
die Morcheln in dem Einweichwasser zum Kochen bringen, etwa 10 Minuten kochen lassen, herausnehmen, abtropfen, erkalten lassen, größere Pilze halbieren, die Kochflüssigkeit durch Filterpapier geben, auf etwa 1 Eßl. einkochen lassen

4 Tomaten (etwa 200 g) kurze Zeit in kochendes Wasser geben (nicht kochen lassen), in kaltem Wasser abschrecken, enthäuten, die Stengelansätze herausschneiden, die Tomaten in dünne Scheiben schneiden, von
½ Kopf Friséesalat die äußeren Blätter entfernen, die übrigen vom Strunk lösen von
100 g Feldsalat die Wurzelenden abschneiden, die welken Blätter entfernen, größere Blätter teilen
Frisée- und Feldsalat gründlich waschen, gut abtropfen lassen
1 hartgekochtes Ei pellen, vierteln
½ Knoblauchzehe abziehen, Portionsteller damit ausreiben, die Salatzutaten darauf anrichten

für die Salatsoße

1 Eßl. Morchelflüssigkeit mit
2 Eßl. Olivenöl
1 Eßl. Wein-Essig
2 Eßl. Sherry medium verrühren, mit
Salz, Zucker würzen
¼ Teel. eingelegte grüne Pfefferkörner zerdrücken, unterrühren, über die Salatzutaten geben, den Salat sofort servieren.

Endiviensalat mit Champignons

(Abb. oben)

	Von
½ Kopf Endivie	Wurzeln und äußere Blätter abschneiden, den Salat in Streifen schneiden, gründlich waschen, abtropfen lassen
2–3 Stengel Staudensellerie (etwa 250 g)	putzen, harte Fäden an der Außenseite der Stengel abziehen, die Stengel waschen, in kleine Stücke schneiden
200 g Champignons	putzen, waschen, in Scheiben schneiden
	für die Salatsoße
4 Anchovisfilets (aus dem Glas)	zerdrücken, mit
3 Eßl. Salatöl 2 Eßl. Wein-Essig 1 Eßl. Schlagsahne frisch gemahlenem weißem Pfeffer 1 Eßl. geriebenen Haselnußkernen	verrühren die Salatsoße über die Salatzutaten geben den Salat mit
Anchovisfilets	garnieren.

Endivien-Paprika-Salat, spanisch

(Abb. oben)

	Von
1 Kopf Endivie	Wurzeln und äußere Blätter abschneiden, den Endivienkopf halbieren, in Streifen schneiden, gründlich waschen, abtropfen lassen
2 Paprikaschoten	halbieren, entstielen, entkernen, die weißen Scheidewände entfernen, die Schoten waschen, in feine Streifen schneiden
10 grüne Oliven, mit Paprika gefüllt	in Scheiben schneiden
	für die Salatsoße
1 Zwiebel	abziehen, fein würfeln
1 hartgekochtes Ei	pellen, das Eigelb herauslösen, zerdrücken, das Eiweiß in feine Würfel schneiden, beiseite stellen
4 Eßl. Olivenöl	mit den Zwiebelwürfeln, dem zerdrückten Eigelb,
3 Eßl. Essig Salz, Pfeffer, Zucker Senf Rosenpaprika	verrühren die Salatsoße über die Salatzutaten geben den Salat mit den Eiweißwürfeln bestreuen, sofort servieren.

Pikanter Kartoffelsalat

(Etwa 6 Portionen)

750 g Pellkartoffeln	noch warm pellen, in Scheiben schneiden
200 g gekochtes Rindfleisch	in Würfel schneiden
1 Stange Porree	putzen, längs halbieren, waschen, in schmale Streifen schneiden
150 g gedünstete Pfifferlinge	abtropfen lassen, evtl. halbieren
3-4 Tomaten	kurze Zeit in kochendes Wasser legen (nicht kochen lassen), in kaltem Wasser abschrecken, enthäuten, die Stengelansätze herausschneiden, die Tomaten in Würfel schneiden
	für die Salatsoße
1 große Zwiebel	abziehen, in Würfel schneiden, mit
6 Eßl. Salatöl	
3 Eßl. Essig	
1 Teel. Senf	verrühren, mit
Salz	
Pfeffer	abschmecken, mit den Salatzutaten vermengen, den Salat etwa 1 Stunde durchziehen lassen.

Gefüllte Avocados

2 reife Avocados (etwa 500 g)	waschen, abtrocknen, längs halbieren, entsteinen, einen Teil des Fruchtfleisches herauslösen, ohne die Schale dabei zu verletzen, in Würfel schneiden, mit dem
Saft von ½ Zitrone	beträufeln
250 g Erdbeeren	waschen, gut abtropfen lassen, entstielen, große Früchte halbieren
1 Kiwi	schälen, halbieren, in Scheiben schneiden, die Früchte mit den Avocadowürfeln vermengen, nach Belieben mit
Zucker	bestreuen, in die Avocadohälften füllen
	für die Grenadine-Soße
1 Becher (150 g) Crème fraîche	mit
1-3 Eßl. Grenadine-Sirup	verrühren die Avocadohälften auf
Wasser-Eiswürfeln	anrichten, mit der Soße übergießen.

Pikanter Chinakohl-Salat

	Von
600 g Chinakohl	die äußeren Blätter entfernen, den Chinakohl halbieren, in schmale Streifen schneiden, waschen, gut abtropfen lassen
	für die Salatsoße
1 kleine Zwiebel	abziehen, fein würfeln, mit
3 Eßl. Salatöl	
2 Eßl. Essig	
2 Eßl. Tomaten-Ketchup	
1 Teel. Senf	
1 Teel. Zucker	verrühren, mit
Salz, Pfeffer	würzen, mit dem Chinakohl vermengen den Salat sofort servieren.

Radicchio mit Thunfisch

(Abb. unten)

	Von
250 g Radicchio	die Blätter abzupfen, die geschälten Wurzeln in Scheiben schneiden, den Radicchio waschen, gut abtropfen lassen
etwa 200 g Thunfisch (aus der Dose)	abtropfen lassen, zerpflücken
3 hartgekochte Eier	pellen, in Scheiben schneiden
	für die Salatsoße
3 Eßl. Salatöl	mit
2-3 Eßl. Essig	
Salz, Zucker, Pfeffer	verschlagen Radicchio, Thunfisch und Eier mit der Soße vermengen den Salat mit Essig, Salz, Zucker abschmecken.

Bunter Salat

(Abb. oben)

	Von
½ Kopf Salat	die welken Blätter entfernen, die anderen vom Strunk lösen, die großen Blätter teilen, die Herzblätter ganz lassen den Salat in reichlich Wasser gründlich waschen, aber nicht drücken, abtropfen lassen
2 mittelgroße Tomaten	waschen, abtrocknen, die Stengelansätze herausschneiden, die Tomaten in Scheiben schneiden
½ grüne und ½ rote Paprikaschote	entstielen, entkernen, die weißen Scheidewände entfernen, die Schoten vierteln, waschen, in Streifen schneiden
½ Gemüsezwiebel	abziehen, in dünne Scheiben schneiden von
1 Bund Radieschen	Wurzeln und Blätter abschneiden, die Radieschen waschen, in Scheiben schneiden
1 Stück Salatgurke	waschen, abtrocknen, in Scheiben schneiden

	für die Salatsoße
1 Becher (150 g) Crème fraîche	mit
1 Becher (150 g) saurer Sahne **5 Eßl. Milch** **2 gestrichenen Eßl. Tomaten-Ketchup**	verrühren, mit
Salz **Paprika edelsüß** **Zucker**	abschmecken, nach Belieben
3 Eßl. gemischte gehackte Kräuter	unterrühren die Salatzutaten in eine Schüssel geben, die Soße darüber verteilen oder extra dazureichen, den Salat mit
Eischeiben	garnieren.

Aperitif-Salat

(Abb. unten)

3–4 Stengel Staudensellerie (etwa 250 g)	putzen, harte Fäden an der Außenseite der Stengel abziehen, die Stengel waschen, gut abtropfen lassen, in dünne Streifen schneiden
200 g Möhren	putzen, schrappen, waschen, grob raspeln
2 Äpfel (etwa 300 g)	schälen, vierteln, entkernen, in dünne Scheiben schneiden, mit
Zitronensaft	beträufeln die Salatzutaten in Glasschälchen oder auf Portionstellern anrichten
	für die Salatsoße
1 Becher (150 g) Joghurt	mit
3 Eßl. Crème fraîche **2 Eßl. Zitronensaft** **1 Teel. Honig** **½ Teel. Senf**	verrühren, mit
Salz **Pfeffer**	würzen
100 g gekochten Schinken	in kleine Würfel schneiden, mit
3 Eßl. abgezogenen gehobelten Mandeln	unter die Soße rühren, über die Salatportionen geben, nach Belieben mit
Kresseblättchen	garnieren.

Eiersalat Excelsior

(2–3 Portionen)

2 hartgekochte Eier	pellen, in Scheiben schneiden
75 g gekochte Schinkenscheiben	in Streifen schneiden
½ rote Paprikaschote	entkernen, die weißen Scheidewände entfernen, die Schote waschen, in feine Streifen schneiden, mit kochendheißem Wasser übergießen, zum Abtropfen auf ein Sieb geben, abkühlen lassen
	für die Salatsoße
1 Becher (150 g) Crème fraîche	mit
Salz, Pfeffer, Zucker **Zitronensaft** **Worcestersoße**	abschmecken, mit den Salatzutaten vermengen, gut durchziehen lassen den Salat evtl. mit Salz, Pfeffer, Zucker, Zitronensaft, Worcestersoße abschmecken, mit
feingeschnittenem Schnittlauch	bestreuen.

Spinatsalat

(Abb. oben)

250 g Spinat	sorgfältig verlesen, gründlich waschen, gut abtropfen lassen
5 Tomaten	waschen, abtropfen lassen, die Stengelansätze herausschneiden, die Tomaten achteln
3 hartgekochte Eier	pellen, in Scheiben schneiden
	für die Salatsoße
1 Zwiebel	abziehen, fein würfeln, mit
3 Eßl. Salatöl	
3 Eßl. Essig	
1-2 Eßl. Schlagsahne	
1 Teel. geriebenem Meerrettich (aus dem Glas)	
1 Teel. Zucker	
Salz	
frisch gemahlenem weißem Pfeffer	verrühren
	die Salatzutaten in einer Schale anrichten, die Salatsoße darübergeben, den Salat mit
feingeschnittenem Schnittlauch	bestreuen.

Gurken-Tomaten-Salat

1 Salatgurke (etwa 500 g)	gründlich waschen, abtrocknen, die Enden abschneiden, die Gurke längs halbieren, in feine Scheiben schneiden oder hobeln
400 g Tomaten	waschen, abtrocknen, die Stengelansätze herausschneiden, die Tomaten halbieren, nach Belieben entkernen, in Scheiben oder Streifen schneiden von
1 Bund Brunnenkresse	die gelben Blätter und die dickeren Stiele entfernen, die Brunnenkresse vorsichtig abspülen, abtropfen lassen die Salatzutaten in Portionsschälchen anrichten
	für die Salatsoße
4 Eßl. Salatöl	mit
2 Eßl. Essig	
Salz, Pfeffer, Zucker	würzen, über die Salatzutaten geben
1 hartgekochtes Ei	pellen, halbieren, das Eigelb sehr fein hacken oder durch die Knoblauchpresse geben, über den Salat streuen.

Radicchio mit Feldsalat

	Von
etwa 150 g Radicchio	die Wurzelenden abschneiden, die welken Blätter entfernen, die anderen auseinanderpflücken (größere Blätter teilen)
	von
etwa 100 g Feldsalat	die Wurzelenden abschneiden, welke Blätter entfernen (größere Blätter teilen)
	die Radicchio- und Feldsalatblätter gründlich waschen, gut abtropfen lassen
	für die Salatsoße
1 Zwiebel	abziehen, würfeln, mit
4–5 Eßl. Salatöl **2 Eßl. Essig** **1 Teel. Senf**	verrühren, mit
Salz **frisch gemahlenem weißem Pfeffer** **Zucker**	würzen
1 Eßl. gehackte Petersilie **1 Eßl. feingeschnittenen Schnittlauch**	unterrühren, mit den Salatzutaten vermengen
1–2 hartgekochte Eier	pellen, achteln, den Salat damit garnieren, sofort servieren.
Beilage:	Bauernbrot.

Bunter Vitamin-Salat

(Abb. unten)

2 große Paprikaschoten (etwa 400 g, rot und gelb)	halbieren, entstielen, entkernen, die weißen Scheidewände entfernen, die Schoten waschen, in dünne Streifen schneiden
1 mittelgroße Zwiebel	abziehen, in dünne Scheiben schneiden, in Ringe teilen
2 mittelgroße Apfelsinen (etwa 200 g)	schälen, von der weißen Haut befreien, halbieren, in Scheiben schneiden
4 Kiwis	schälen, längs halbieren, in Scheiben schneiden
1 großen Apfel (etwa 200 g)	schälen, vierteln, entkernen, in Scheiben schneiden, mit
Zitronensaft	beträufeln
	für die Salatsoße
3 Eßl. Salatöl	mit
3 Eßl. Sherry-Essig **3 Eßl. Sojasoße**	verrühren, mit
Pfeffer **Zucker**	würzen, über die Salatzutaten geben
	den Salat etwas durchziehen lassen.
Tip:	Bunten Vitamin-Salat mit Bauernbrot und Butter als leichtes Abendessen servieren.

Bunter Römischer Salat mit Käsecreme

(Abb. unten)

1 Kopf Römischen Salat	putzen, grobe Stiele entfernen, die Blätter zerpflücken, waschen, abtropfen lassen
1 Bund Radieschen	putzen, waschen, in Scheiben schneiden
1 Fleischtomate	kurze Zeit in kochendes Wasser legen (nicht kochen lassen), in kaltem Wasser abschrecken, enthäuten, den Stengelansatz herausschneiden, die Tomate in Achtel schneiden
1 rote Zwiebel	abziehen, halbieren, in dünne Scheiben schneiden
2-3 Stengel Staudensellerie (etwa 250 g)	putzen, harte Fäden an der Außenseite der Stengel abziehen, die Stengel waschen, in feine Streifen schneiden
100 g Champignons	putzen, waschen, in dünne Scheiben schneiden
	für die Salatsoße
2 Eßl. Salatöl	mit
3 Eßl. Essig **Salz, Pfeffer, Zucker**	verrühren die Salatzutaten in einer Schale anrichten, mit der Salatsoße übergießen
	für die Käsecreme
50 g Kräuter-Frischkäse	mit einer Gabel zerdrücken
1 Becher (150 g) Crème fraîche **1 Eßl. gehackte Petersilie**	unterrühren, mit Salz, Pfeffer abschmecken, die Käsecreme über den Salat geben oder dazureichen, den Salat mit
Radieschen	garnieren.

Spanischer Salat

(6-8 Portionen - Abb. rechts)

5 Tomaten **½ Salatgurke**	beide Zutaten waschen, abtrocknen, in Scheiben schneiden
3 Paprikaschoten	halbieren, entstielen, entkernen, die weißen Scheidewände entfernen, die Schoten waschen, in Streifen schneiden
2-3 rote Zwiebeln	abziehen, in Ringe schneiden
1 Kopf Salat	von den welken Blättern befreien, die anderen vom Strunk lösen, die großen Blätter teilen, den Salat waschen, abtropfen lassen
	für die Salatsoße
3 Eßl. Olivenöl	mit
4 Eßl. Essig **1 Eßl. Wasser**	verschlagen
gehackte Petersilie **feingeschnittenen Schnittlauch**	unterrühren, mit
Salz, Pfeffer	abschmecken, mit den Salatzutaten vermengen, kurz durchziehen lassen, den Salat evtl. mit Salz, Pfeffer, Zucker abschmecken, mit
Eischeiben **spanischen Oliven** **roten Paprikaschoten-Streifen**	garnieren.

Salat California

(Abb. oben)

	Von
½ Kopf Eisbergsalat	die äußeren Blätter entfernen, die übrigen vom Strunk lösen, zerpflükken, waschen, gut abtropfen lassen
1 kleine Honigmelone	halbieren, entkernen, aus dem Melonenfleisch mit einem Kartoffelausstecher Kugeln ausstechen
2–3 Apfelsinen	schälen, filieren, dabei den Apfelsinensaft auffangen
2–3 Möhren (etwa 150 g)	putzen, schrappen, waschen, in Scheiben schneiden
100 g ausgepalte Erbsen (etwa 300 g mit Schoten)	waschen Möhrenscheiben und Erbsen miteinander in
wenig kochendes Salzwasser	geben, zum Kochen bringen, 3–5 Minuten kochen, abtropfen, erkalten lassen die Salatzutaten in Portionsschälchen oder in ausgehöhlten Fruchthälften anrichten
	für die Salatsoße
1 Becher (150 g) Joghurt	mit
2 Eßl. Crème fraîche	
1 Eßl. Zitronensaft	verrühren, mit
Salz, Pfeffer	
Zucker	würzen, über die Salatzutaten geben den Salat mit
gehackten Haselnußkernen	bestreuen, mit
Estragonblättchen	garnieren, sofort servieren.
Beigabe:	Toast, Butter.
Tip:	Salat California als vitaminreiche Beilage zum Abendessen servieren.

Erfrischende Zucchini

	Von
4 kleinen Zucchini (etwa 600 g)	die Enden abschneiden, die Zucchini waschen, abtrocknen, evtl. schälen, in feine Scheiben schneiden
etwa 3 Eßl. Zitronensaft	mit
1 Eßl. Zucker	verrühren, mit den Zucchini vermengen, kalt stellen eine flache Schüssel mit
gewaschenen Salatblättern	auslegen, die Zucchinischeiben daraufgeben
etwa 75 g Frischkäse	mit
6–7 Eßl. Schlagsahne	verrühren, über die Zucchini verteilen, mit
Paprika edelsüß	bestreuen.

Tomaten-Schafskäse-Salat

1 kg Tomaten	waschen, abtrocknen, die Stengelansätze herausschneiden, die Tomaten achteln
250 g Schafskäse (z. B. Feta-Käse)	zerbröckeln die Zutaten vorsichtig miteinander vermengen
	für die Salatsoße
10 Eßl. Olivenöl	mit
4 Eßl. Zitronensaft	
Salz	
Pfeffer	verrühren
6–8 Eßl. feingehackten Dill	unterrühren die Salatsoße über die Tomaten und den Schafskäse geben, etwa 30 Minuten durchziehen lassen.
Feta-Käse:	Griechischer Käse aus Schafs- oder Ziegenmilch oder einer Mischung von beiden. Der grobgeschnittene, gepreßte und zuvor gesalzene Bruch reift in der eigenen Molke.

Eisbergsalat

(Abb. unten)

	Von
1 Kopf Eisbergsalat	die äußeren Blätter entfernen, den Salatkopf halbieren oder vierteln, zerpflücken, waschen, auf einem Durchschlag abtropfen lassen oder in einem Tuch oder Drahtkorb ausschwenken
1 kleine Apfelsine	schälen, filieren, in kleine Stücke schneiden
	für die Salatsoße
1 Becher (150 g) Joghurt	mit
3 Teel. Salatöl	
1 Eßl. Essig	
Salz	verrühren, mit
Zucker	abschmecken Eisbergsalat und Apfelsine mit der Soße vermengen.

Brunnenkresse-Salat

	Von
2 Bund Brunnenkresse (etwa 300 g)	die gelben Blätter und die dickeren Stiele entfernen, die Brunnenkresse vorsichtig abspülen, abtropfen lassen
	für die Salatsoße
6 Schalotten	abziehen, halbieren, in Scheiben schneiden, mit
3–4 Eßl. Salatöl	
3–4 Eßl. Essig	
Salz, Pfeffer	
Zucker	
2 Eßl. gehackten Kräutern	verrühren.
Brunnenkresse:	Küchenkraut und Salatpflanze. Wildwachsend oder angebaut. Verzehrt werden die Keimblätter der jungen Pflanze nur im rohen Zustand.

Frühlings-Sinfonie

(Abb. oben)

	Von
1 Kopf Salat	die äußeren Blätter entfernen, die übrigen vom Strunk lösen, die Blätter zerpflücken den Salat gut abtropfen lassen
1 kleine Fenchelknolle (etwa 150 g)	putzen, waschen, vierteln, in dünne Streifen schneiden
1 Bund Radieschen	putzen, waschen, in Scheiben schneiden
½ rote Paprikaschote **½ grüne Paprikaschote**	die Schoten entstielen, entkernen, die weißen Scheidewände entfernen, die Schoten waschen, quer in dünne Streifen schneiden
1 Avocado	längs halbieren, entsteinen, schälen, quer in Scheiben schneiden die Salatzutaten in einer Glasschüssel anrichten
	für die Salatsoße
5 Eßl. Salatöl	mit
2 Eßl. Essig	verrühren, mit
Salz, Pfeffer, Zucker	würzen
feingeschnittenen Schnittlauch	unterrühren, mit den Salatzutaten vermengen, den Salat etwas durchziehen lassen.
Avocado:	Birnenförmige, grüne Frucht mit butterweichem, nußartig schmeckendem Fruchtfleisch. Anbau: Zentral- und Südamerika; Afrika, Israel.

Spargelcocktail Hawaii

500 g gekochte Spargelstücke	abtropfen lassen
etwa 250 g tiefgekühlte Shrimps	bei Zimmertemperatur auftauen lassen beide Zutaten vermengen
	für die Cocktail-Soße
5 Eßl. Salatmayonnaise	mit
2 Eßl. Schlagsahne	
1 Eßl. Sherry	verrühren, mit
Zitronensaft	abschmecken die Cocktailzutaten mit der Soße vermengen
2 Apfelsinen	halbieren, aushöhlen, die ausgelösten Apfelsinenspalten in kleine Stücke schneiden die Apfelsinenstücke mit dem Cocktail vermengen, in den vier ausgehöhlten Apfelsinenhälften anrichten.

Griechischer Tomatensalat

500 g Tomaten	waschen, abtrocknen, die Stengelansätze herausschneiden, die Tomaten in dünne Scheiben schneiden, mit
etwa 15 Oliven	
150 g zerbröckeltem Schafskäse	in einer Schüssel anrichten
	für die Salatsoße
3 Eßl. Salatöl	
2 Eßl. Zitronensaft	
Salz, Pfeffer	verschlagen
1 Zwiebel	abziehen, würfeln
3 gehackte Minzblätter oder	
1 Eßl. gemischte gehackte Kräuter	hinzufügen die Soße über die Salatzutaten geben den Salat kurze Zeit durchziehen lassen.

Herzhafter Rotkohlsalat

500 g Rotkohl (vorbereitet gewogen)	putzen, waschen, gut abtropfen lassen, in sehr feine Streifen schneiden
1 mittelgroße Zwiebel	abziehen, in dünne Ringe schneiden
	für die Salatsoße
1-2 Eßl. Rübensirup	mit
2-3 Eßl. Essig	
1 gestrichenem Teel. Senf	verschlagen, mit
Salz	
Pfeffer	abschmecken, mit den Salatzutaten vermengen, sofort servieren.

Frühlings-Salat mit Ei

(Etwa 2 Portionen - Abb. unten)

1 kleinen Rettich (250 g)	putzen, schälen, waschen
½ Salatgurke	gründlich waschen, abtrocknen
2 Tomaten	waschen, abtrocknen, die Stengelansätze herausschneiden die drei Zutaten in Scheiben schneiden zwei Cocktailgläser oder Portionsschälchen mit
gewaschenen Salatblättern	auslegen, die Salatzutaten darauf anrichten
	für die Salatsoße
4 Eßl. saure Sahne	mit
1 Teel. süßem Senf	
1 Eßl. Sherry medium	verrühren, mit
Salz	
Pfeffer	würzen, über die Salatzutaten gegeben
1 weichgekochtes Ei	pellen, halbieren, auf die Salatportionen geben
1 Eßl. feingeschnittenen Schnittlauch	darüberstreuen den Salat sofort servieren.
Sherry:	Spanischer Apéritif- und Dessertwein. Angeboten werden folgende Sorten: Fino - hellfarbig, trocken; Amontillado - dunkler, vollmundiger als Fino; Oloroso - trocken bis süß; Cream Sherry - aromatisch, schwer und süß.

Abendessen

Pellkartoffeln in Sahnesoße

(Abb. S. 128/129)

750 g mehligkochende Kartoffeln	waschen, in so viel
Wasser	zum Kochen bringen, daß die Kartoffeln bedeckt sind, in 20–25 Minuten garkochen lassen, abgießen, abdämpfen, heiß pellen, in große Würfel schneiden
200 g gekochten Schinken	in Würfel schneiden
	für die Soße
40 g Butter oder Margarine	zerlassen
40 g Weizenmehl	unter Rühren so lange darin erhitzen, bis es hellgelb ist
375 ml (3/8 l) Milch	hinzugießen, mit einem Schneebesen durchschlagen, darauf achten, daß keine Klumpen entstehen, die Soße zum Kochen bringen, etwa 5 Minuten kochen lassen
250 ml (1/4 l) Schlagsahne	in die Soße rühren, Kartoffel- und Schinkelwürfel hinzufügen, erhitzen, mit
Salz Pfeffer geriebener Muskatnuß	würzen
2 Eßl. gehackten Dill	unterrühren.
Beigabe:	Gemischter Salat.

Käsekranz

1 Ring (etwa 750 g) Brie-Käse	waagerecht einmal durchschneiden die untere Hälfte mit
2–3 Eßl. Preiselbeeren (aus dem Glas)	bestreichen
200 g Doppelrahm-Frischkäse	verrühren
125 ml (1/8 l) Schlagsahne	steifschlagen, unterheben, mit
Salz Pfeffer	abschmecken 2/3 der Creme in einen Spritzbeutel mit gezackter Tülle füllen, die restliche Creme auf das Preiselbeerkompott streichen, mit
50 g Walnußkernhälften	belegen (sollen am Rand zu sehen sein), mit der oberen Käsehälfte bedecken, gut andrücken den Käsekranz mit der Käsecreme aus dem Spritzbeutel verzieren, mit
Preiselbeeren	garnieren.

Kartoffelgratin

(Abb. S. 128/129)

1 kg festkochende Kartoffeln	schälen, waschen, in feine Scheiben schneiden, nochmals waschen, abtropfen lassen
1 Knoblauchzehe	abziehen, eine große, flache feuerfeste Form damit ausreiben, ausfetten
200 g Gruyere-Käse	reiben, 3/4 der Menge abwechselnd mit den Kartoffelscheiben in die Form schichten, dabei die Kartoffelscheiben mit
Salz, Pfeffer	bestreuen
250 ml (1/4 l) Milch	mit
250 ml (1/4 l) Schlagsahne	
3 Eiern	verschlagen, mit Salz, Pfeffer,
geriebener Muskatnuß	würzen
3–4 Eßl. gehackte Kräuter (Dill, Petersilie, Schnittlauch, Estragon, Zitronenmelisse, Majoran)	unterrühren, die Eiermilch über die Kartoffel-Käse-Scheiben gießen den restlichen Käse darüberstreuen
Butter	in Flöckchen daraufsetzen die Form auf dem Rost in den vorgeheizten Backofen schieben
Strom:	175–200
Gas:	3–4
Backzeit:	60–70 Minuten während der letzten 20 Minuten Backzeit die Form evtl. mit Alufolie abdecken.

Finkenwerder Schlemmerbrote

(8 Portionen - Abb. unten)

8 Scheiben Graubrot	mit
Butter	bestreichen
8 Eier	mit
8 Eßl. Milch, Salz	verschlagen
Butter oder Margarine	in einer Stielpfanne erhitzen, die Eiermilch hineingeben sobald die Masse zu stocken beginnt, sie mit einem Löffel strichweise vom Boden der Pfanne losrühren, so lange weiter erhitzen, bis keine Flüssigkeit mehr vorhanden ist das Rührei erkalten lassen, auf die Brotscheiben verteilen
1 geräucherten Aal	enthäuten, filetieren, in 16 Stücke (4-5 cm) schneiden
8 Scheiben Räucherlachs	jeweils 1 Scheibe auf jeder Brotscheibe anrichten, rechts und links daneben jeweils 1 Stück Aal legen
2-3 Zwiebeln	abziehen, in Ringe schneiden auf jede Brotscheibe 3 Zwiebelringe legen, jeweils den mittleren Zwiebelring mit
30 g Keta-Kaviar (Lachskaviar, aus dem Glas)	die beiden äußeren Zwiebelringe mit
50 g Kaviar (aus der Dose)	ausfüllen, die Brote mit
Kerbel	garnieren
Bratzeit für das Rührei:	Etwa 6 Minuten.

Bratkartoffeln mit Nürnberger Rostbratwürstchen

(Abb. S. 128/129)

1 kg Kartoffeln	waschen, mit
1 Teel. Kümmel	in so viel
Salzwasser	zum Kochen bringen, daß die Kartoffeln bedeckt sind, garkochen lassen, abgießen, abdämpfen, heiß pellen, in Scheiben schneiden
150 g durchwachsenen Speck	in Würfel schneiden
2 Eßl. Butterschmalz	erhitzen, die Speckwürfel darin ausbraten, die Kartoffelscheiben hinzufügen, mit
Salz, Pfeffer	würzen, knusprig braun braten lassen
Kochzeit:	20-25 Minuten
Bratzeit für die Kartoffeln:	10-15 Minuten
1 Zwiebel	abziehen, fein würfeln
1 rote Paprikaschote	halbieren, entstielen, entkernen, die weißen Scheidewände entfernen, die Schote waschen, in Streifen schneiden von
2 Zucchini (etwa 250 g)	die Enden abschneiden, die Zucchini waschen, in Scheiben schneiden
250 g Tomaten	kurze Zeit in kochendes Wasser legen (nicht kochen lassen), in kaltem Wasser abschrecken, enthäuten, die Stengelansätze herausschneiden, die Tomaten vierteln, entkernen
2 Eßl. Speiseöl	erhitzen, die Zwiebelwürfel darin glasig dünsten lassen, Paprikaschotenstreifen, Zucchinischeiben hinzufügen, dünsten lassen das Gemüse mit den Tomatenvierteln unter die Bratkartoffeln mengen, erhitzen, mit Salz, Pfeffer würzen, in eine vorgewärmte Schüssel füllen, warm stellen
Dünstzeit für das Gemüse:	Etwa 5 Minuten
3 Eßl. Speiseöl	erhitzen
8-16 Nürnberger Rostbratwürstchen (je 25-50 g)	darin von allen Seiten braun braten lassen die Nürnberger Rostbratwürstchen auf Bratkartoffeln und Gemüse anrichten, mit
2-3 Eßl. gehackter Petersilie	bestreuen
Bratzeit für die Rostbratwürstchen:	5-7 Minuten.

Riesensandwich

(Abb. unten)

1 Brötchen	halbieren, die Schnittflächen mit
Butter	bestreichen
1 Salatblatt	waschen, trockentupfen, auf die untere Brötchenhälfte legen
1 gestrichenen Eßl. Salatmayonnaise	darauf verteilen
3 Scheiben Bierschinken	aufrollen, darauflegen
3 Radieschen	putzen, waschen, in dünne Scheiben schneiden, schuppenförmig auf die Wurstscheiben legen, mit
Salz, Pfeffer	
2 Eßl. gehackten Kräutern	bestreuen, mit
1 Scheibe Emmentaler Käse	bedecken
1 hartgekochtes Ei	pellen, in Scheiben schneiden, darauflegen, mit der oberen Brötchenhälfte bedecken.

Spargel-Schinken-Omelett

100 g gekochten Brechspargel	abtropfen lassen, in etwa 3 cm lange Stücke schneiden
50 g gekochten Schinken	in Würfel schneiden
etwas Butter	zerlassen, Spargel und Schinken darin erhitzen
4 Eier	mit
4 Eßl. Milch, Salz	verschlagen
Butter	in einer Stielpfanne erhitzen, die Eier hineingeben (Pfanne mit einem Deckel schließen), die Eiermasse langsam gerinnen lassen, wenn die untere Seite des Omeletts bräunlich gebacken ist (die obere muß weich bleiben), die Spargel-Schinkenmasse auf eine Hälfte des Omeletts geben, die andere Hälfte darüberschlagen das Omelett auf eine vorgewärmte Platte gleiten lassen, mit
gehackter Petersilie	bestreuen
Backzeit:	Etwa 15 Minuten.

Schinken-Kiwi-Brote

4 Scheiben Vollkornbrot	mit
Butter	bestreichen
4 Salatblätter	waschen, trockentupfen jeweils 1 Salatblatt auf jede Brotscheibe legen
2 Kiwis	schälen, in Scheiben schneiden
200 g Lachsschinken (als Aufschnitt, ohne Fettrand)	
	Kiwi- und Lachsschinkenscheiben auf den Salatblättern anrichten.

Überbackener Fenchel

(Abb. rechts)

4 kleine Fenchelknollen	putzen, waschen, halbieren
60 g Butter	zerlassen, die Fenchenknollen darin gardünsten lassen, mit
Salz	würzen die Fenchelknollen nebeneinander in eine gefettete feuerfeste Auflaufform legen
2 Eier	mit
125 ml (1/8 l) Milch	
3 Eßl. Instant Haferflocken	verrühren, die Masse über die Fenchelknollen gießen
400 g gekochten Schinken	in Streifen schneiden, über dem Fenchel verteilen
100 g geriebenen Butterkäse	darüberstreuen, die Form auf dem Rost in den vorgeheizten Backofen schieben den überbackenen Fenchel mit
2–3 Eßl. gehackter Petersilie	bestreuen
Strom:	Etwa 200
Gas:	Etwa 4
Backzeit:	Etwa 30 Minuten.
Veränderung:	Anstelle von Fenchelknollen Staudensellerie, Porreestangen oder Chicorée verwenden.

Frühlingsbrot

(1 Portion - Abb. oben)

2-3 Möhren (etwa 200 g)	putzen, schrappen, waschen
1 kleinen Apfel	schälen, vierteln, entkernen beide Zutaten grob raspeln, miteinander vermengen, mit
Zitronensaft	
Apfelsaft	abschmecken
1 Scheibe Brot	mit
Butter	bestreichen
100 g Hüttenkäse	darauf verteilen den Möhren-Apfelsalat darauf anrichten das Brot mit
1 Zitronenscheibe	
Kresse	garnieren.

Buntes Brot

(1 Portion - Abb. oben)

1 Scheibe Brot	mit
Butter	bestreichen mit
gewaschenen, trockengetupften Salatblättern	bedecken
1 Scheibe gekochten Schinken	darauflegen
1 hartgekochtes Ei	pellen
1 Tomate	waschen, abtrocknen, den Stengelansatz herausschneiden
3 Radieschen	putzen, waschen die drei Zutaten in Scheiben schneiden, mit
4 Gurkenscheiben	auf dem Schinken anrichten das Brot mit
Dill	
Schnittlauch	garnieren.

Quarkbrot mit Radieschen

(1 Portion - Abb. oben)

1 Bund Radieschen	putzen, waschen die eine Hälfte fein hacken, die andere in dünne Scheiben schneiden
125 g Sahnequark	mit
1 Eßl. Dosenmilch	
1 Eßl. feingeschnittenem Schnittlauch	verrühren mit
Salz, Pfeffer	abschmecken die gehackten Radieschen und ⅔ der Radieschenscheiben unterheben
1 Scheibe Brot	mit
Butter	bestreichen den Radieschen-Quark darauf verteilen das Brot mit den restlichen Radieschen,
feingeschnittenem Schnittlauch	garnieren.

Krabbenbrote mit Dill

4 Scheiben Vollkornbrot	mit
Butter	bestreichen
4 Salatblätter	waschen, trockentupfen in die Mitte jeder Brotscheibe 1 Salatblatt legen
200 g frische gepulte Nordseekrabben	auf den Salatblättern verteilen
½ Salatgurke	waschen, abtrocknen, in Scheiben schneiden
4 Radieschen	putzen, waschen, in Scheiben schneiden Gurken- und Radieschenscheiben rechts und links neben jeder Krabbenportion im Wechsel schuppenförmig anrichten die Krabben mit
gehacktem Dill	bestreuen.

Harzer Brote mit Gurkensalat

4 Scheiben Vollkornbrot	mit
Butter oder Gänseschmalz	bestreichen
4 Salatblätter	waschen, trockentupfen, jeweils 1 Salatblatt auf jede Brotscheibe legen
	für den Gurkensalat
1 kleine Salatgurke	waschen, abtrocknen, in dünne Scheiben schneiden
2 Eßl. Salatöl	mit
3 Eßl. Zitronensaft	
Salz, Pfeffer	verrühren
1 Bund gehackten Dill	unterrühren, mit den Gurkenscheiben vermengen, den Gurkensalat auf den Salatblättern verteilen
200 g Harzer Käse	in 16 Scheiben schneiden, auf jeder Brotscheibe jeweils 4 Scheiben Käse anrichten
4 Radieschen	waschen, putzen, mehrmals kreuzweise einschneiden, jede Brotscheibe mit 1 Radieschen garnieren.

Sandwich Berliner Art

(Abb. unten)

4 Scheiben Steinmetzbrot	mit
Butter	bestreichen
4 Salatblätter	waschen, trockentupfen, jeweils 1 Salatblatt auf jede Brotscheibe legen, mit
4 Scheiben Räucherlachs	belegen, mit
3 Eßl. geriebenem Meerrettich (aus dem Glas)	bestreichen
4 runde geschälte, entkernte Apfelscheiben	mit
Zitronensaft	beträufeln, jeweils 1 Scheibe auf jede Brotscheibe legen, nach Belieben mit
Dillzweigen	garnieren
4 Scheiben Weißbrot	mit Butter bestreichen, auf die Apfelscheiben legen das Sandwich so halbieren, daß Dreiecke entstehen.

Honiggefüllte Zucchini

(Abb. oben)

4 Zucchini (etwa 600 g)	waschen, längs halbieren, entkernen, das Fruchtfleisch aushöhlen, fein würfeln, die Zucchinihälften aufbewahren
etwa 230 g Mais (aus der Dose)	abtropfen lassen
4–5 Eßl. Milch	
100 g körniger Frischkäse	
3 Eßl. flüssiger Honig	
	die fünf Zutaten verrühren, mit
Salz, Pfeffer	würzen
	die Zucchinihälften mit der Masse füllen
	eine feuerfeste Form mit
1 Eßl. Speiseöl	einfetten, die Zucchinihälften hineinsetzen, mit
125 g geriebenem Gouda-Käse	bestreuen, die Form auf dem Rost in den vorgeheizten Backofen stellen
Einstellung für den Backofen	
Strom:	Etwa 175
Gas:	Etwa 2
Backzeit:	Etwa 50 Minuten.

Englisches Sandwich

2 Scheiben Kastenweißbrot	mit
Butter	bestreichen
2 große Salatblätter	waschen, trockentupfen, davon jeweils 1 Blatt auf jede Weißbrotscheibe legen
3 Scheiben Roastbeef (als Aufschnitt)	mit
3 Teel. Kräutermayonnaise	bestreichen, mit
Gewürzgurkenstückchen	
Tomatenachteln	
Zwiebelringen	belegen, aufrollen, auf die mit dem Salatblatt belegte Weißbrotscheibe legen, mit dem zweiten Salatblatt bedecken
¼ vorbereitete rote Paprikaschote	
1 Scheibe gekochter Schinken	
	beide Zutaten in feine Würfel schneiden, auf dem Salatblatt verteilen, mit der übrigen Weißbrotscheibe bedecken das Sandwich so halbieren, daß Dreiecke entstehen.

Apfelsinen-Käse-Häppchen

1–2 große Apfelsinen	schälen, in dünne Scheiben schneiden
8 kleine Scheiben Vollkornbrot	in der Größe der Apfelsinenscheiben schneiden, mit
Butter	bestreichen, jeweils mit 1 Apfelsinenscheibe belegen, mit jeweils einem von
8 Stück Roquefort-Käse	bedecken
1 Apfelsine (unbehandelt)	dünn schälen, die Schale in feine Streifen schneiden die Apfelsinen-Käse-Häppchen damit garnieren.

Kaviar-Ei-Häppchen

2 Scheiben Vollkornbrot	mit
Butter	bestreichen, vierteln
2 hartgekochte Eier	pellen, in Scheiben schneiden auf jedes Brotviertel eine Eischeibe legen
1 Zwiebel	abziehen, in Ringe schneiden auf jede Eischeibe einen Zwiebelring legen, mit
feingehacktem Dill	bestreuen die Zwiebelringe mit
Kreta-Kaviar	ausfüllen.

Marinierte Champignons

(Abb. unten)

	Für die Marinade
5 Eßl. Olivenöl	in eine große Bratpfanne geben
2 Knoblauchzehen	abziehen, durchpressen, mit
200 ml (1/5 l) Wasser	
4 Eßl. Zitronensaft	
2 Lorbeerblättern	
Salz, Pfeffer	zu dem Öl geben, zugedeckt zum Kochen bringen, etwa 5 Minuten kochen
750 g kleine, feste Champignons	putzen, waschen, abtropfen lassen, in die Marinade geben, zugedeckt 7-10 Minuten dünsten lassen, mit Salz, Pfeffer abschmecken, in der Marinade erkalten lassen, mehrere Stunden oder über Nacht durchziehen lassen, die Marinade kurz vor dem Servieren abgießen die Champignons mit
1-2 Eßl. gehackter Petersilie	verrühren, auf 4 Glastellern anrichten, mit
Tomatenachteln	
Petersilie	garnieren
Garzeit:	Etwa 15 Minuten.

Bunte Käse-Ecken

100 g Butter	geschmeidig rühren, mit
300 g Doppelrahm-Frischkäse	
3 Eßl. Schlagsahne	verrühren, mit
Salz	
frisch gemahlenem weißem Pfeffer	abschmecken unter ein Drittel der Käsecreme
2-3 Eßl. gemischte, kleingehackte Kräuter	rühren unter die Hälfte der restlichen Creme
1-2 Eßl. Tomatenmark (aus der Tube)	rühren, mit
Paprika edelsüß	abschmecken die restliche Creme nochmals mit Salz, Pfeffer abschmecken
12 Scheiben Schwarzbrot	so mit Creme bestreichen und zusammensetzen, daß jeweils 1 grüne, 1 rote, 1 weiße Schicht entsteht die Schwarzbrotschnitten beschweren, kalt stellen (am besten über Nacht), in Ecken schneiden.

Gefüllte Paprikaschoten

(Abb. oben)

4 mittelgroße rote Paprikaschoten	entstielen, von den Schoten einen Deckel abschneiden, Kerne und weiße Scheidewände entfernen, die Schoten waschen, abtrocknen
1 Zwiebel	abziehen
50 g durchwachsener Speck	beide Zutaten in Würfel schneiden, mit
250 g Hackfleisch (halb Rind-, halb Schweinefleisch)	
1 Ei	
3 gehäuften Eßl. Blütenzarten Haferflocken	vermengen, die Masse mit
Salz, Pfeffer	abschmecken, in die Paprikaschoten füllen, die Deckel auf die Schoten setzen
100 g durchwachsenen Speck	in Würfel schneiden, in einem Topf auslassen, die Paprikaschoten in den Topf setzen
125-250 ml (1/8-1/4 l) Wasser	hinzugießen, die Paprikaschoten gardünsten lassen
Dünstzeit:	50-60 Minuten.
Beilage:	Reis oder Kartoffelpüree, Tomatensoße.

Gefüllte Schinkenröllchen in Aspik

2 Päckchen Gelatine gemahlen, weiß	mit 6 Eßl. von
750 ml (¾ l) entfetteter, kräftiger Fleischbrühe	in einem kleinen Topf anrühren, 10 Minuten zum Quellen stehenlassen, die restliche Brühe zum Kochen bringen, von der Kochstelle nehmen, die Gelatine hineingeben, so lange rühren, bis sie gelöst ist, mit
2–3 Eßl. Weißweinessig	
Worcestersoße	
Salz	
Pfeffer	abschmecken 5 leere Quarktöpfchen mit kaltem Wasser ausspülen, so viel von der Brühe hineingeben, daß der Boden bedeckt ist, im Kühlschrank erstarren lassen
250 g Fleischsalat (fertig gekauft)	auf
5 Scheiben gekochten Schinken	verteilen, den Schinken aufrollen, an den Enden geradeschneiden
2 hartgekochte Eier	pellen, in Scheiben schneiden jeweils 2 Scheiben mit
etwas Petersilie	auf jedem Aspikspiegel anordnen, darauf die Schinkenrollen legen
1 Gewürzgurke	längs halbieren, in Scheiben schneiden, seitlich entlang der Schinkenrollen legen, etwas von der Brühe darübergießen, im Kühlschrank erstarren lassen, die restliche Brühe auf die Töpfchen verteilen, im Kühlschrank erstarren lassen vor dem Servieren die Töpfchen kurz in heißes Wasser halten, das Aspik mit einem Messer vorsichtig vom Rand der Töpfchen lösen, auf mit
Salatblättern	ausgelegte Glasteller stürzen, mit
Tomatenachteln	
Petersilie	garnieren.

Würzige Roastbeefbrote

4 Scheiben Vollkornbrot	mit
Butter	bestreichen
4 Salatblätter	waschen, trockentupfen, jeweils 1 Salatblatt auf jede Brotscheibe legen
200 g Roastbeef (als Aufschnitt)	auf den Salatblättern anrichten
1 Stück Salatgurke	waschen, abtrocknen, in Scheiben schneiden, jede Brotscheibe mit jeweils 3 Gurkenscheiben garnieren
1 kleinen weißen Rettich	schälen, waschen, in feine Streifen schneiden
2 Teel. Röstzwiebeln	die Brote damit garnieren.

Börsenhäppchen

(Abb. oben)

4 Scheiben Weißbrot	toasten, mit
etwas Weinbrand	beträufeln, mit
Knoblauchpulver	bestreuen
8 Salatblätter	waschen, trockentupfen, jeweils 2 Salatblätter auf jede Brotscheibe legen, mit
Salz	bestreuen
4 kleine Tomaten	waschen, abtrocknen, die Stengelansätze herausschneiden, die Tomaten in sehr dünne Scheiben schneiden, mit Salz bestreuen
2 Scheiben Ananas (aus der Dose)	abtropfen lassen, halbieren, jede halbierte Ananasscheibe mit einer von
4 Scheiben durchwachsenem Speck	umwickeln, mit Holzstäbchen feststecken
Butter	zerlassen, die umwickelten Ananasscheiben darin von beiden Seiten etwas anbraten auf jede Brotscheibe 1 Speck-Ananasscheibe legen, jeweils mit 1 Eßl. von
4 Eßl. Weinbrand	beträufeln, auf die Enden der Holzstäbchen
spanische Oliven, mit Paprika gefüllt	stecken.

Pikante Avocadobrote

1 reife Avocado (etwa 250 g) halbieren, schälen, entsteinen, in kleine Stücke schneiden
80 g Roquefort-Käse
80 g weiche Butter hinzufügen, mit einem elektrischen Mixer pürieren, mit
Zitronensaft
Pfeffer abschmecken
4 Scheiben Vollkornbrot mit etwas von der Avocadocreme bestreichen
1 Kästchen Kresse putzen, waschen, rundherum auf dem Rand der Brote anordnen
4-6 Tomaten waschen, abtrocknen, die Stengelansätze herausschneiden, die Tomaten in Scheiben schneiden, innerhalb des Kressekranzes schuppenförmig auf die Brote legen
die restliche Avocadocreme in einen Spritzbeutel mit gezackter Tülle füllen, auf die Tomatenscheiben spritzen
die Brote nach Belieben mit
Zitronenscheiben (unbehandelt) garnieren.
Tip: Avocadocreme möglichst kurz vor dem Servieren zubereiten, da sich bei längerem Stehen das Öl evtl. von der Avocadomasse trennt.

Fettuccine, überbacken

(Abb. unten)

250 g Bandnudeln (Fettuccine) in
1½ l kochendes Salzwasser geben, zum Kochen bringen, ab und zu umrühren, etwa 8 Minuten kochen lassen, die Nudeln auf ein Sieb geben, mit kaltem Wasser übergießen, abtropfen lassen
2 Zwiebeln
1 Knoblauchzehe beide Zutaten abziehen, würfeln
1 Eßl. Butter zerlassen, Zwiebel- und Knoblauchwürfel darin glasig dünsten lassen
500 g Gehacktes (halb Rind-, halb Schweinefleisch) hinzufügen, unter Rühren darin anbraten, dabei die Fleischklümpchen etwas zerdrücken
das Hackfleisch mit
Salz
Pfeffer
Paprika edelsüß
gerebeltem Thymian würzen
500 g Tomaten waschen, abtrocknen, die Stengelansätze herausschneiden, die Tomaten in Stücke schneiden, zu dem Hackfleisch geben, etwa 5 Minuten mitschmoren lassen, mit Salz, Pfeffer, Paprika würzen
⅔ der Nudeln in eine gefettete feuerfeste Form füllen, die Hackfleischmasse daraufgeben, mit den restlichen Nudeln bedecken
100 g geriebenen Käse darüberstreuen
Butter in Flöckchen daraufsetzen
die Form auf dem Rost in den vorgeheizten Backofen schieben
Strom: 225-250
Gas: 5-6
Backzeit: 35-40 Minuten.
Beigabe: Gemischter Salat.

Eier in Estragongelee

(Abb. rechts)

1 Zwiebel	abziehen
2-3 Stiele Estragon	waschen beide Zutaten mit
250 ml (¼ l) entfetteter, kräftiger Fleischbrühe	zum Kochen bringen
1 kleine Möhre	putzen, schrappen, waschen, hinzufügen, zum Kochen bringen, 7-10 Minuten kochen lassen die Brühe durch ein Tuch gießen die Möhre mit einem Buntmesser in Scheiben schneiden
2 Päckchen Gelatine, gemahlen, weiß	mit
6 Eßl. kaltem Wasser	anrühren, 10 Minuten zum Quellen stehenlassen die Brühe zum Kochen bringen, von der Kochstelle nehmen, die Gelatine hineingeben, so lange rühren, bis sie gelöst ist
500 ml (½ l) entfettete, kräftige Fleischbrühe **125 ml (⅛ l) Sherry dry**	hinzugießen, mit
Salz **frisch gemahlenem weißem Pfeffer** **Suppenwürze** **Sherry dry**	abschmecken 6 hohe Förmchen (etwa 200 ml bis 250 ml Inhalt) mit kaltem Wasser ausspülen, so viel von der Brühe hineingeben, daß der Boden bedeckt ist, im Kühlschrank erstarren lassen den Aspikspiegel mit Möhrenscheiben,
grünen Olivenscheiben, mit Paprika gefüllt **Kerbelblättchen**	garnieren, etwas von der Brühe darübergeben, wieder im Kühlschrank erstarren lassen
3 Scheiben gekochten Schinken	halbieren, in jede Schinkenhälfte eins von
6 weichgekochten gepellten Eiern	wickeln, die Schinkenröllchen in die Förmchen legen, die restliche Brühe darübergeben, im Kühlschrank erstarren lassen vor dem Servieren die Förmchen kurz in heißes Wasser halten das Gelee mit einem Messer vorsichtig vom Rand der Förmchen lösen 6 Dessertteller mit
gewaschenen Salatblättern	belegen, das Gelee daraufstürzen, mit
Tomatenspalten	garnieren.
Beigabe:	Toast, Butter.

Apfelhälften mit Speckriemchen

4 mittelgroße Äpfel	schälen, halbieren, entkernen, ein Grillblech mit
Speiseöl	bestreichen, die Apfelhälften mit der Öffnung nach unten darauflegen, im vorgeheizten Grill etwa 4 Minuten grillen, die Apfelhälften herausnehmen, umdrehen, in jede Apfelöffnung 1 Eßl. von
8 Eßl. Sherry	geben, darauf jeweils 1 Scheibe von
8 dünnen Scheiben durchwachsenem Speck	legen, mit je 1 Scheibe von
8 Scheiben Gouda-Käse	bedecken, im vorgeheizten Grill etwa 5 Minuten überbacken, bis der Käse zu schmelzen beginnt, die Apfelhälften auf
Salatblättern	anrichten, mit
Paprika edelsüß	bestreuen, mit
Petersilie	garnieren.

Schinkenrollen mit Quark-Meerrettich

(Abb. unten)

	Für den Quark-Meerrettich
1 Teel. Gelatine gemahlen, weiß	mit
2 Eßl. kaltem Wasser	in einem kleinen Topf anrühren, 10 Minuten zum Quellen stehenlassen, unter Rühren anwärmen, bis sie gelöst ist
250 g Magerquark	mit
2-4 Eßl. geriebenem Meerrettich (aus dem Glas)	
1 Eßl. Zitronensaft	verrühren, mit
Salz, Zucker	abschmecken
250 ml (¼ l) Schlagsahne	fast steifschlagen, die lauwarme Gelatinelösung hinzufügen, die Sahne vollkommen steifschlagen, vorsichtig unter den Quark heben, evtl. nochmals abschmecken, auf
8 großen Scheiben gekochtem Schinken	verteilen, aufrollen die Schinkenrollen auf einer Platte mit
Tomatenvierteln Petersilie	anrichten.

Rindfleischscheiben in Wacholder-Rotwein-Soße

Etwa 750 g Rindfleisch (aus der Hüfte)	unter fließendem kaltem Wasser abspülen, trockentupfen, evtl. Haut entfernen, mit
Salz, Pfeffer	würzen
2 Eßl. Butterschmalz	in einem Bratentopf erhitzen, das Fleisch darin von allen Seiten anbraten den Bratentopf auf dem Rost in den vorgeheizten Backofen schieben sobald der Bratensatz bräunt, etwas
heißes Wasser	hinzugießen, verdampfte Flüssigkeit nach und nach ersetzen
Einstellung für den Backofen	
Strom:	225-250
Gas:	4-5
Bratzeit:	45-60 Minuten das gare Fleisch auf eine Platte geben, mit Alufolie abdecken, warm stellen
	für die Wacholder-Rotwein-Soße
4-5 Schalotten	abziehen, in feine Würfel schneiden, mit
6-8 Wacholderbeeren	in den Bratensatz geben, etwa 1 Minute dünsten lassen
375 ml (⅜ l) Rotwein	hinzugießen, zum Kochen bringen die Flüssigkeit auf etwa 150 ml einkochen lassen die Soße durch ein Sieb gießen, die Wacholderbeeren wieder hineingeben, nochmals aufkochen lassen, von der Kochstelle nehmen
100 g weiche Butter	unterrühren, die Soße erhitzen (nicht kochen), mit Salz, Pfeffer abschmecken das Fleisch in dünne Scheiben schneiden, mit der Soße servieren.
Beilage:	Gedünstete Pfifferlinge.

Sandwich mit Putenschnitzel

8 Scheiben Mohnbrot	mit
Butter	bestreichen
Salatblätter	waschen, trockentupfen, 4 Brotscheiben damit belegen
2 Putenbrustfilets	unter fließendem kaltem Wasser abspülen, trockentupfen, in 4 Scheiben schneiden, mit
Salz, Pfeffer Paprika edelsüß	würzen
3 Eßl. Speiseöl	erhitzen, die Putenbrustfilets von beiden Seiten darin 2-3 Minuten braten, herausnehmen
4 Scheiben Ananas (aus der Dose)	abtropfen lassen, in dem Bratfett von beiden Seiten leicht bräunen auf jeder Brotscheibe jeweils 1 Scheibe Putenbrustfilet und 1 Scheibe Ananas anrichten, mit den übrigen Brotscheiben bedecken, sofort servieren.
Tip:	Das Sandwich mit Putenschnitzel kann auch kalt serviert werden. Dafür die gebratenen Putenbrustfilets auf Küchenpapier abtropfen, erkalten lassen. Frische Ananas in Scheiben schneiden, schälen, den holzigen Kern herausschneiden, das Brot wie oben beschrieben belegen.

Überbackene Käse-Kartoffel-Pfanne

(Abb. oben)

1 kg mittelgroße Kartoffeln	schälen, waschen, in
Salzwasser	zum Kochen bringen, etwa 10 Minuten kochen lassen, abgießen, noch warm in Scheiben schneiden
	die Kartoffelscheiben schuppenförmig in eine flache Auflaufform geben, mit
Salz, Pfeffer	
20 g Semmelmehl	bestreuen
50 g Butter	in Flöckchen daraufsetzen
75 g geriebenen Emmentaler Käse	darüber verteilen, die Form auf dem Rost in den vorgeheizten Backofen schieben
Strom:	200–225
Gas:	4–5
Backzeit:	Etwa 20 Minuten.

Geflügelleber-Pastete

(Abb. oben)

Für die Füllung

1 große Zwiebel abziehen, in feine Würfel schneiden
2 Eßl. Speiseöl erhitzen, die Zwiebelwürfel darin andünsten
500 g Geflügelleber unter fließendem kaltem Wasser abspülen, trockentupfen, zu den Zwiebelwürfeln geben, gut anbraten

5 Eßl. Weinbrand oder Sherry dry
½ Teel. frisch gemahlenen Pfeffer
2 Messerspitzen gemahlene Nelken
2 Messerspitzen geriebene Muskatnuß
1 Messerspitze gerebeltes Basilikum
1 Messerspitze Selleriesalz
1 Messerspitze gemahlenen Koriander
1 Teel. grünen Pfeffer
10 zerdrückte Wacholderbeeren hinzufügen, verrühren
die Leber etwa 1 Minute braten,

	erkalten lassen
	die Leber fein hacken, mit dem Bratensatz,
1 kg feiner Bratwurstmasse (ungebrüht)	zu einer geschmeidigen Masse verrühren, mit
Salz	abschmecken
	die Masse in eine Pastetenform geben, fest andrücken, damit keine Luftlöcher entstehen (die Form darf nur zu ¾ gefüllt sein)
	die Form auf dem Rost in den vorgeheizten Backofen schieben
Strom:	150–175
Gas:	2–3
Backzeit:	30–40 Minuten
	für den Teig
1 Packung (370 g) Brotmischung	mit
250 ml (¼ l) lauwarmem Wasser	nach der Vorschrift auf der Packung zubereiten
	den gegangenen Teig mit
Weizenmehl	bestäuben, aus der Schüssel nehmen, kurz durchkneten, auf der mit Mehl bestäubten Tischplatte etwa 1 cm dick ausrollen
	eine Platte in Größe der Pastetenform daraus schneiden, auf die vorgebackene Pastete legen (die Teigplatte nach Belieben mit einem Teil des restlichen Teiges garnieren, aus dem übrigen Teig Brötchen formen, mitbacken lassen), aus der Teigplatte einige etwa pfenniggroße Löcher ausstechen (nicht drücken)
	den Teig mit Wasser bestreichen
	die Pastetenform auf dem Rost in den vorgeheizten Backofen schieben
Strom:	200–225, **Gas:** 3–4
Backzeit:	30–35 Minuten.

Hähnchentoast Alexandra

(Abb. unten)

2 Hähnchenbrüste	in Filets schneiden, Knorpel und Fett entfernen, die Hähnchenbrustfilets unter fließendem kaltem Wasser abspülen, trockentupfen, mit
Salz, Pfeffer	würzen
1 Eßl. Butterschmalz	erhitzen, die Hähnchenbrustfilets von beiden Seiten darin braten, etwa 3 Minuten vor Beendigung der Bratzeit
8 dünne Scheiben durchwachsenen Speck	hinzufügen, mitbraten lassen
4 Scheiben Toastbrot	toasten, mit
Butter	bestreichen
4 Salatblätter	waschen, auf Küchenpapier abtropfen lassen, auf die Toastscheiben legen
4 Tomaten	waschen, abtrocknen, Stengelansätze herausschneiden, die Tomaten in Scheiben schneiden, schuppenförmig auf den Salatblättern anrichten, mit Salz, Pfeffer,
1 gehäuften Eßl. feingeschnittenen Schnittlauch	bestreuen, die Hähnchenbrustfilets mit dem Speck darauf anrichten
4 gehäufte Teel. Crème fraîche Zitronensaft	mit Salz, Pfeffer, abschmecken, jeweils 1 Teel. Crème fraîche auf jede Portion geben, mit Paprika edelsüß bestreuen, mit
Petersilie	garnieren, sofort servieren
Bratzeit:	Etwa 10 Minuten.
Tip:	Der Hähnchentoast Alexandra kann auch kalt serviert werden: Die gebratenen Hähnchenbrustfilets, den durchwachsenen Speck auf Küchenpapier abtropfen, erkalten lassen. Kurz vor dem Servieren das Toastbrot toasten, in der angegebenen Reihenfolge belegen.

Räucherlachs auf Zitronen-Bohnen mit Dillcreme

(Abb. unten)

500 g Prinzeßbohnen	evtl. abfädeln, waschen, in
250-500 ml (¼-½ l) kochendes Salzwasser	geben, zum Kochen bringen, etwa 15 Minuten kochen, abtropfen lassen
	für die Salatsoße
1 kleine Zwiebel	abziehen, in Würfel schneiden, mit
2 Eßl. Salatöl	
2 Eßl. Zitronensaft	verrühren, mit
Salz, Pfeffer, Zucker	abschmecken, mit den Bohnen vermengen, gut durchziehen lassen den Salat mit Salz, Pfeffer, Zucker,
Zitronensaft	abschmecken die Bohnen auf 4 Teller verteilen auf jede Portion ¼ von
200 g Räucherlachsscheiben	anrichten, mit
Zitronenscheiben (unbehandelt)	garnieren
1 Becher (150 g) Crème fraîche	anschlagen
abgeriebene Schale von ½ Zitrone (unbehandelt)	
1 Eßl. gehackten Dill	unterrühren, mit Salz, Pfeffer abschmecken die Masse in einen Spritzbeutel mit Lochtülle füllen, auf die Zitronenscheiben spritzen.

Frühlingszwiebel-Salat mit gebratener Hühnerbrust

(Abb. rechts)

200 g Hühnerbrust (ohne Knochen)	waschen, abtrocknen, mit
Salz	
Pfeffer	würzen
2 Eßl. Speiseöl	erhitzen, die Hühnerbrust von jeder Seite etwa 3 Minuten darin braten, erkalten lassen das Fleisch in Scheiben schneiden
2 Bund Frühlingszwiebeln (etwa 500 g)	putzen, das dunkle Grün bis auf etwa 15 cm entfernen, das übrige Grün von den Zwiebeln schneiden, beiseite stellen die Knollen evtl. abziehen, waschen,

	in Scheiben schneiden, in
kochendes Salzwasser	geben, zum Kochen bringen, etwa 1 Minute kochen lassen, auf ein Sieb geben, mit kaltem Wasser übergießen, abtropfen lassen
	das Grün der Frühlingszwiebeln waschen, in Ringe schneiden
1 Bund Radieschen	putzen, waschen, in Scheiben schneiden
1 große Zwiebel	abziehen, in Scheiben schneiden
Bratzeit:	Etwa 6 Minuten
	für die Salatsoße
2 Eßl. Salatöl	mit
2 Eßl. Kräuter-Essig	
Salz	
frisch gemahlenem weißem Pfeffer	
Zucker	verrühren, die Salatsoße mit den Salatzutaten vermengen, etwa 30 Minuten durchziehen lassen, den Salat evtl. nochmals mit Salz, Pfeffer abschmecken, auf einer Platte anrichten die Fleischscheiben daraufgeben
1 Becher (150 g) Crème fraîche	mit Salz, Pfeffer,
1–2 Eßl. gehackten Kräutern (z. B. Petersilie, Schnittlauch, Estragon, Zitronenmelisse)	verrühren, zu dem Salat reichen.

Scampi Americane

(Etwa 2 Portionen)

1 Zwiebel	abziehen, fein würfeln
1 Knoblauchzehe	abziehen, zerdrücken
4 Tomaten	kurze Zeit in kochendes Wasser legen (nicht kochen lassen), in kaltem Wasser abschrecken, enthäuten, die Stengelansätze herausschneiden, die Tomaten halbieren, entkernen das Tomatenfleisch in Würfel schneiden
1 Eßl. Butter	zerlassen, Zwiebelwürfel, Knoblauch, Tomatenwürfel darin andünsten, mit
1 Teel. Weizenmehl	bestäuben
100 ml Weißwein	hinzugießen, unter Rühren zum Kochen bringen, etwa 10 Minuten kochen lassen
1 Becher (150 g) Crème fraîche 200 g möglichst große Scampi	unterrühren, aufkochen lassen, mit
Salz, Pfeffer Cayennepfeffer Speisewürze	abschmecken die Scampi Americane in eine Schüssel geben, nach Belieben mit
Dill	garnieren
Garzeit:	Etwa 15 Minuten.
Beigabe:	Stangenweißbrot.

Klassisches Krebsessen

(Abb. unten)

2 kg Krebse (etwa 20 Krebse)	gründlich unter fließendem kaltem Wasser bürsten
1–2 Bund Suppengrün	putzen, waschen, kleinschneiden
2 Zwiebeln	abziehen, vierteln
2–3 Stengel Einmachdill	abspülen
5 l Wasser	mit
5 Eßl. Salz ½ Teel. Kümmel	zum Kochen bringen, Suppengrün, Zwiebelviertel, Dillzweige hinzufügen, etwa 5 Minuten kochen lassen, 2 Krebse mit dem Kopf zuerst hineingeben, zum Kochen bringen (dabei färben sich die Krebse rot), paarweise nach und nach die anderen Krebse hinzufügen, bei jeder Partie das Wasser immer wieder zum Kochen bringen, den Vorgang so lange wiederholen, bis alle Krebse im Sud sind, etwa 10 Minuten kochen lassen eine große Schüssel mit
2 Bund gewaschenem Dill	auslegen, die noch heißen Krebse darauflegen, den Sud durch ein Sieb geben, über die Krebse geben, erkalten lassen, mit Alufolie abdecken, 10–12 Stunden kalt stellen, die Krebse vor dem Anrichten nochmals kurz in dem Sud erwärmen, herausnehmen, mit
Dillzweigen	garniert servieren.

Kalbsmedaillons auf Toast mit sauce hollandaise

	Aus
4 Scheiben Toastbrot	runde Platten (Durchmesser etwa 8 cm) ausstechen, in einer Grillpfanne
Butter	erhitzen, die Toastbrotplatten darin von beiden Seiten rösten
4 Scheiben Kalbsfilet	etwas flach drücken
Margarine	erhitzen, die Filetscheiben von jeder Seite darin etwa 5 Minuten grillen, dabei ab und zu mit dem Bratensatz begießen, damit sie saftig bleiben die Medaillons mit
Salz, Pfeffer	bestreuen, auf den Toastscheiben anrichten, mit
Kräutern	garnieren
	für die sauce hollandaise
100 g Butter	zerlassen, etwas abkühlen lassen
2 Eigelb	mit
1 Teel. Estragonessig	
2 Eßl. Wasser	im Wasserbad so lange schlagen, bis die Masse dicklich ist die Butter unterschlagen, die Soße mit
Salz, Pfeffer	
Zucker	
Zitronensaft	abschmecken, bis zum Verzehr im Wasserbad warm halten, damit sie nicht gerinnt die Medaillons warm oder kalt mit der Soße servieren
Erhitzungszeit:	Etwa 6 Minuten.
Beigabe:	Grüner Salat.

Fischerschnitten

4 Scheiben Toastbrot	toasten, abkühlen lassen, mit
Butter	bestreichen
180 g Ölsardinen	abtropfen lassen, auf den Toastscheiben verteilen, mit
Zitronensaft	beträufeln, mit
schwarzem Pfeffer	würzen
2 hartgekochte Eier	pellen, in Scheiben schneiden, auf die Ölsardinen legen die Schnitten nach Belieben mit
Zwiebelringen	
Tomaten-Ketchup	
Petersilie	garnieren.

Weinbergschnecken

(Abb. rechts)

	Die Schneckenhäuser von
24 Schnecken (aus der Dose)	in heißem Wasser waschen, abtropfen lassen je ½ Teel. von der Schneckenflüssigkeit in die Schneckenhäuser füllen, die Schnecken hineingeben
60–80 g weiche Butter	geschmeidig rühren
½ Zwiebel	
1 Knoblauchzehe	
2 Schalotten	die drei Zutaten abziehen, fein hacken, mit
1 Eßl. gehackter Petersilie	zu der Butter geben, gut verrühren, mit
Salz	
frisch gemahlenem weißem Pfeffer	
etwas Cayennepfeffer	abschmecken die gefüllten Schneckenhäuser mit der Kräuterbutter bestreichen, in flache feuerfeste Schalen (mit Salz gefüllt) oder in Schneckenpfannen setzen, auf dem Rost in den vorgeheizten Backofen schieben
Strom:	225–250
Gas:	5–6
Dünstzeit:	10–15 Minuten.
Beigabe:	Stangenweißbrot.

Gefüllte Gurken

(Abb. unten)

1-2 Salatgurken	schälen, in 5 cm lange Stücke schneiden, die Gurkenstücke aushöhlen, innen und außen mit
Salz, Pfeffer	bestreuen, stehenlassen, damit die sich bildende Flüssigkeit entweichen kann
	für die Füllung
150 g Thunfisch (aus der Dose)	abtropfen lassen, zerpflücken
2 hartgekochte Eier	pellen, in Würfel schneiden, mit dem Thunfisch vermengen
2 Eigelb	mit
1-2 Teel. Senf	
1 Eßl. Essig oder Zitronensaft	
Salz, Pfeffer	
Zucker	zu einer dicklichen Masse schlagen nach und nach
125 ml (⅛ l) Salatöl	unterschlagen die Mayonnaise mit der Thunfisch-Eiermasse vermengen, die Gurken damit füllen, mit
Zitronenscheiben	
Tomatenachteln	
Petersilie	garnieren.

Feinschmecker-Brote

4 Scheiben Weißbrot	toasten, die Brotränder abschneiden
4 Salatblätter	waschen, trockentupfen, jeweils 1 Salatblatt auf jede Brotscheibe legen
125 ml (⅛ l) Schlagsahne	steifschlagen, mit
3-4 Eßl. geriebenem Meerrettich (aus dem Glas)	
Zitronensaft, Salz	abschmecken, dick auf
8 Scheiben Räucherlachs	verteilen, aufrollen auf jede Brotscheibe 2 Lachsröllchen legen
100 g Palmenherzen (aus der Dose)	abtropfen lassen, in 8 Scheiben schneiden
4 Artischockenböden (aus der Dose)	abtropfen lassen auf jeder Brotscheibe 2 Palmenherzen-Scheiben und 1 Artischockenboden anrichten
etwas Keta-Kaviar (Lachskaviar, aus dem Glas)	auf die Artischockenböden geben die Brote jeweils mit einer von
4 Zitronenscheiben	
spanischen Olivenscheiben, mit Paprika gefüllt	
Kresse	garnieren die restliche Meerrettich-Sahne dazureichen.

Obstcocktail mit Krabben

1 Apfelsine	
1 Banane	
1 Apfel	das Obst schälen den Apfel vierteln, entkernen alle Zutaten in kleine Würfel schneiden
etwa 300 g entsteinte Sauerkirschen (aus dem Glas)	abtropfen lassen
etwa 150 g frische gepulte Krabben	mit dem Obst vermengen
	für die Cocktailsoße
1 Becher (150 g) Joghurt	mit
1 Eßl. Zitronensaft	verrühren
30 g abgezogene, gehobelte Mandeln	unterrühren, mit
Salz, Zucker	abschmecken, mit den Cocktailzutaten vorsichtig vermengen 4 Cocktailgläser mit
gewaschenen Salatblättern	auslegen, den Cocktail darauf anrichten, mit
Tomatenröschen	garnieren.

Pikante Spargel-Schnitten
(Abb. unten)

4 Scheiben Toastbrot	toasten, mit
Butter	bestreichen, mit
4 Scheiben Roastbeef (als Aufschnitt)	belegen
etwa 375 g gekochte Spargelspitzen	darauf anrichten
4 Eßl. Salatmayonnaise	mit
2–3 Eßl. Schlagsahne	verrühren, über den Spargel verteilen die Schnitten mit
Mandarinenspalten	
Petersilie	garnieren.

Kalbsnieren, flambiert

500 g Kalbsnieren	aufschneiden, von den Röhren befreien, gründlich waschen, mit
500 ml (½ l) Milch	übergießen, 1 Stunde darin liegenlassen, trockentupfen, in ½ cm dicke Scheiben schneiden
1 Zwiebel	abziehen, würfeln
1 rote und 1 grüne Paprikaschote	halbieren, entstielen, entkernen, die weißen Scheidewände entfernen, die Schoten waschen, in Streifen schneiden
40 g Butter	zerlassen, die Zwiebelwürfel und Paprikastreifen darin 3 Minuten dünsten
120 g gedünstete Pfifferlinge	hinzufügen, mit
Salz, Pfeffer Rosenpaprika	würzen
125 ml (⅛ l) Weißwein	hinzugießen, das Gemüse etwa 10 Minuten dünsten lassen
4 Eßl. Speiseöl	in einer Flambierpfanne erhitzen, die Nierenscheiben darin von jeder Seite 5 Minuten braten, mit Salz, Pfeffer bestreuen, auf einen vorgewärmten Teller geben, warm stellen das gedünstete Gemüse in die Flambierpfanne geben, erhitzen die Nierenscheiben in die Mitte auf das Gemüse häufen
4 Eßl. Weinbrand	erwärmen, über das Fleisch gießen, anzünden, flambieren, wenn die Flamme erloschen ist, das Gericht vorsichtig umrühren, mit
1 Eßl. gehackter Petersilie	bestreuen.

Leberpfanne mit Salbei

600 g Rinderleber	abspülen, trockentupfen, evtl. Sehnen und Röhren entfernen, die Leber in Streifen schneiden, in
Weizenmehl	wenden
150 g Zwiebeln	abziehen, würfeln
250 g Champignons	putzen, waschen, in dünne Scheiben schneiden
125 g durchwachsenen Speck	in Würfel schneiden
2 Eßl. Speiseöl	erhitzen, die Speckwürfel darin ausbraten
10-15 g Salbeiblättchen	vorsichtig abspülen, trockentupfen mit den Leberstreifen zu dem Speck geben, unter Rühren etwa 3 Minuten braten lassen, mit
Salz Pfeffer Paprika edelsüß	würzen, die Zwiebelwürfel hinzufügen, durchdünsten lassen die Champignonscheiben
125 ml (⅛ l) Rotwein	hinzugeben, zum Kochen bringen, die Leberpfanne etwa 5 Minuten schmoren lassen
1 Becher (150 g) Crème fraîche	unterrühren, die Leberpfanne mit Salz, Pfeffer, Paprika abschmecken
Garzeit:	etwa 10 Minuten.

Lammkoteletts mit Minze

(Abb. links)

8-12 Lammkoteletts mit Stiel	mit
Salz frisch gemahlenem weißem Pfeffer	bestreuen, mit
kleingehackten Minzeblättchen	einreiben
2-3 Eßl. Butterschmalz	erhitzen
1 Knoblauchzehe	abziehen, zerdrücken, mit
2-3 Eßl. kleingehackten Minzeblättchen	in das Fett geben, durchdünsten lassen, die Lammkoteletts hinzufügen, von jeder Seite 3-4 Minuten braten lassen, auf einer vorgewärmten Platte anrichten, den Bratensatz darübergeben, mit
Minzezweigen	garnieren nach Belieben
1-2 Knoblauchzehen	abziehen, zerdrücken, mit
1-2 Eßl. Zitronensaft 1 Becher (150 g) Crème fraîche	verrühren, mit Salz, Pfeffer abschmecken, zu den Lammkoteletts reichen
Bratzeit:	Etwa 8 Minuten.
Beilage:	Röstkartoffeln oder kleine Kräuterkartoffeln, gemischter Salat.

Grüne Kartoffelpuffer mit Sahne-Champignons

(Abb. oben)

1½ kg große, mehlig-kochende Kartoffeln	schälen, waschen, grob reiben ein Sieb mit einem Küchenhandtuch auslegen, die Kartoffelmasse daraufgeben, etwa 10 Minuten abtropfen lassen, die Kartoffel-Flüssigkeit auffangen, das Wasser abgießen, die abgesetzte Stärke zu der Kartoffelmasse geben, mit
125 ml (⅛ l) Milch 4 Eiern Pfeffer	verrühren
1 Zwiebel	abziehen, reiben, mit
1 Eßl. gehacktem Dill 2–3 Eßl. feingeschnittenem Schnittlauch 2–3 Eßl. gehackter Petersilie 1 Eßl. gehackten Zitronenmelisseblättchen	unterrühren
	etwas von
100 g Margarine	in einer Bratpfanne erhitzen so viel von der Kartoffelmasse hineingeben, daß der Pfannenboden dünn bedeckt ist, den Kartoffelpuffer von beiden Seiten knusprig braun braten, warm stellen den übrigen Kartoffelteig auf die gleiche Weise zubereiten
	für die Sahne-Champignons
500 g kleine Champignons	putzen, waschen, größere Champignons halbieren
1 Zwiebel oder 2 kleine Schalotten	abziehen, würfeln
2 Eßl. Butter oder Margarine	zerlassen, die Zwiebelwürfel darin dünsten, die Champignons hinzufügen, mit
Salz frisch gemahlenem weißem Pfeffer	würzen, zugedeckt gardünsten lassen
1 Becher (150 g) Crème fraîche	hinzufügen, die Flüssigkeit etwas einkochen lassen, mit
Weißwein	abschmecken
2 Eßl. gehackte Petersilie	unterrühren die Sahne-Champignons mit Salz, Pfeffer abschmecken, zu den Kartoffelpuffern reichen
Dünstzeit für die Champignons:	Etwa 10 Minuten.

Zwiebelsuppe mit Käsecroutons

(6 Portionen - Abb. rechts)

1 kg Gemüsezwiebeln	abziehen, vierteln, in Scheiben schneiden
75 g Butter oder Margarine	zerlassen, die Zwiebelscheiben darin andünsten
¾–1 l Fleischbrühe	
250 ml (¼ l) Weißwein	hinzugießen, mit
Salz, Pfeffer	würzen, zum Kochen bringen, kochen lassen die Suppe evtl. nochmals mit Salz, Pfeffer abschmecken
Kochzeit:	Etwa 10 Minuten
	für die Käsecroutons
6 Scheiben Toastbrot	in Dreiecke schneiden, von einer Seite toasten, die ungetoastete Seite mit
100 g geriebenem mittelalten Gouda-Käse	bestreuen, unter den vorgeheizten Grill schieben, grillen, bis der Käse geschmolzen ist (etwa 3 Minuten) die Zwiebelsuppe auf 6 Suppentassen oder -teller verteilen kurz vor dem Servieren auf jede Portion 2 Käsecroutons geben oder getrennt dazureichen.

Kalbsmedaillons mit Currysoße

2 Apfelsinen	schälen, die weiße Haut entfernen, die Apfelsinen filieren, die Filets beiseite stellen, das restliche Apfelsinenfleisch für die Soße verwenden
	für die Currysoße
2 säuerliche Äpfel	schälen, vierteln, entkernen, in Scheiben schneiden
1 Zwiebel	abziehen, würfeln
1 Eßl. Butter	zerlassen, das restliche Apfelsinenfleisch, die Apfelscheiben, die Zwiebelwürfel darin andünsten
1 Eßl. Currypulver	darüberstreuen, unterrühren, durchdünsten lassen
etwa 75 ml (4–5 Eßl.) Weißwein	mit
250 ml (¼ l) Schlagsahne	unterrühren, zum Kochen bringen, etwa 5 Minuten kochen lassen, durch ein Sieb streichen, die Soße wieder erhitzen, mit
Salz	abschmecken, warm stellen
4 Kalbsmedaillons (je etwa 150 g)	unter fließendem kaltem Wasser abspülen, trockentupfen, etwas zusammendrücken
50 g Butter	erhitzen, die Kalbsmedaillons von jeder Seite etwa 3 Minuten darin braten, mit
Salz Pfeffer	bestreuen, herausnehmen, warmstellen die vorbereiteten Apfelsinenfilets in den Bratensatz geben, kurz erhitzen, herausnehmen, mit den Kalbsmedaillons auf einer vorgewärmten Platte anrichten ein wenig Currysoße darübergießen, mit
gedünsteten Aprikosenhälften Senffrüchten (aus dem Glas) abgezogenen, gehobelten Mandeln glatter Petersilie oder Kerbel	garnieren, nach Belieben mit
zerdrücktem roten Pfeffer	bestreuen, die restliche Currysoße dazureichen
Garzeit für die Soße:	Etwa 10 Minuten
Bratzeit:	Etwa 6 Minuten.

Champignon-Tomaten

(Abb. oben)

4 mittelgroße Tomaten	waschen, abtrocknen, von jeder Tomate einen Deckel abschneiden, die Tomaten aushöhlen, innen mit
Salz, Pfeffer	bestreuen
150 g Champignons	putzen, waschen, in Stücke schneiden, mit dem
Saft von 1 Zitrone	beträufeln, in
etwas Weißwein	gardünsten, erkalten lassen
1 Teel. Butter	zerlassen, die Champignonstücke darin erhitzen
3 Eßl. Schlagsahne	unterrühren, die Flüssigkeit etwas einkochen lassen
2 Scheiben gekochten Schinken	in Würfel schneiden, zu den Champignons geben, mit Salz, Pfeffer abschmecken, die Schinken-Champignons in die Tomaten füllen
Butter	in Flöckchen daraufsetzen, die Tomaten unter den vorgeheizten Grill setzen, überbacken die Tomaten mit
geschnittenem Schnittlauch	bestreuen
Dünstzeit für die Champignons:	7-8 Minuten
Überbackzeit:	Etwa 15 Minuten.

Shrimps auf Artischockenböden

14-16 Artischockenböden (aus der Dose)	abtropfen lassen, auf einer Glasplatte anrichten, mit
Zitronensaft Worcestersoße	beträufeln
250-300 g tiefgekühlte Shrimps	bei Zimmertemperatur auftauen lassen, auf den Artischockenböden verteilen, auf
Salatblättern	anrichten
	für die Soße
4-5 Eßl. Tomaten-Ketchup **3 Eßl. Schlagsahne** **1 Eßl. Weinbrand**	verrühren, mit
Salz **frisch gemahlenem weißem Pfeffer** **Zucker**	abschmecken die Soße über die Shrimps geben
spanische Oliven, mit Paprika gefüllt	in Scheiben schneiden, die Artischockenböden damit garnieren.
Beigabe:	Toast.

Truthahnröllchen, französisch

(Abb. links)

750 g küchenfertige Truthahnbrust im Stück (ohne Knochen)	unter fließendem kaltem Wasser abspülen, trockentupfen, in 16 dünne Scheiben schneiden, mit
gerebeltem Oregano gerebeltem Thymian frisch gemahlenem weißem Pfeffer	würzen
75 g durchwachsene Speckscheiben	
	jeweils ½ Speckscheibe auf jede Geflügelscheibe legen, aufrollen, mit einem Holzspießchen oder mit Küchengarn umwickeln
3 Eßl. Olivenöl	erhitzen, die Fleischrollen von allen Seiten etwa 5 Minuten darin goldbraun braten, mit
Salz	würzen, herausnehmen, Holzspießchen (Küchengarn) entfernen, kalt stellen, den Bratensatz zurücklassen
250 g Auberginen	waschen, abtrocknen, in Würfel schneiden, mit Salz bestreuen, etwa 10 Minuten ziehen lassen, trockentupfen
2–3 Zwiebeln	abziehen, in Würfel schneiden
250 g rote Paprikaschoten	halbieren, entstielen, entkernen, die weißen Scheidewände entfernen, die Schoten waschen, in kleine Stücke schneiden
250 g Tomaten	kurze Zeit in kochendes Wasser legen (nicht kochen lassen), in kaltem Wasser abschrecken, enthäuten, die Stengelansätze herausschneiden, die Tomaten halbieren, entkernen, kleinschneiden die Zwiebelwürfel in dem erhitzten Bratensatz glasig dünsten, Auberginenwürfel und Paprikastücke hinzufügen, dünsten lassen, evtl. etwas Wasser hinzugießen, nach 10–15 Minuten Dünstzeit Tomaten,
1 abgezogene, zerdrückte Knoblauchzehe 1 Eßl. gehacktes Basilikum	dazugeben, noch etwa 10 Minuten mitdünsten lassen, mit Salz, Pfeffer abschmecken, erkalten lassen, in einer flachen Schüssel anrichten, die Truthahnröllchen darauflegen, mit
Zitronenachteln	garnieren das Fleisch nach Belieben mit
Zitronensaft	beträufeln
Dünstzeit:	Etwa 25 Minuten.
Beigabe:	Stangenweißbrot oder Toast, Butter, Blattsalate.

Beefsteak Tatar

(Abb. unten)

2 Zwiebeln	abziehen, in feine Würfel schneiden, mit
500–750 g Tatar 1 Eßl. Salatöl 1–2 Teel. Senf 1 Teel. zerdrücktem grünem Pfeffer	verrühren, mit
Salz, Paprika edelsüß	abschmecken das Tatar in Portionen auf einer Platte oder in einer Schüssel anrichten, mit
Majoran	garnieren in jede Portion eine Vertiefung eindrücken jeweils 1–2 Eigelb von
6–8 Eigelb	hineingeben in kleinen Schüsseln
Zwiebelringe geschroteten Pfeffer Gewürzgurken Schnittlauch Paprika edelsüß Sardellenfilets Kapern gehackte Petersilie	dazureichen.
Beigabe:	Bauernbrot.

Rindfleisch-Cocktail Gutsherrenart

(Abb. rechts)

200 g gekochtes Rindfleisch	
100 g roher, magerer Schinken	beide Zutaten in kleine Würfel schneiden
1 Zwiebel	abziehen, in Ringe schneiden
2 Eßl. Kapern (aus dem Glas)	abtropfen lassen
2 saure Gurken	in feine Würfel schneiden
4 hartgekochte Eier	pellen, fein hacken, alle Zutaten mit
4 Eßl. feingeschnittenem Schnittlauch	in eine Schüssel geben, mit
Salz	
Zucker	
Worcestersoße	würzen
	für die Cocktailsoße
125 ml (1/8 l) saure Sahne	mit
4 Eßl. Salatmayonnaise	
2 Eßl. Senf	verrühren
90 g Kaviar (aus dem Glas)	unterrühren (etwas zum Garnieren zurücklassen)
	4 Cocktailgläser mit
gewaschenen Salatblättern	auslegen, die Cocktailzutaten darauf anrichten, etwas von der Cocktailsoße darübergießen
	den Cocktail mit dem restlichen Kaviar,
Eivierteln	garnieren, die restliche Soße dazureichen.
Beigabe:	Grau- oder Vollkornbrot, Butter.

Hummercocktail Loren

Etwa 450 g gekochtes Hummerfleisch	in mundgerechte Stücke zerpflücken
2 Tomaten	kurze Zeit in kochendes Wasser legen (nicht kochen lassen), in kaltem Wasser abschrecken, enthäuten, die Stengelansätze herausschneiden, das Innere aushöhlen, die Tomaten in Streifen schneiden
etwa 170 g Maiskörner (1/2 Dose)	abtropfen lassen
12 spanische Oliven, mit Paprika gefüllt	in Scheiben schneiden
	für die Cocktailsoße
1 Becher (150 g) Joghurt	mit
1 Eßl. gemischten,	

gehackten Kräutern	verrühren, mit
Salz	
weißem Pfeffer	abschmecken
	die Cocktailzutaten in 4 Cocktailgläser schichten, mit der Soße übergießen, mit
Dillzweigen	garnieren.
Beigabe:	Toast, Butter.

Grüne Soße

(Abb. unten)

1 Bund Petersilie	
1 Bund Schnittlauch	
1 Bund Kerbel	
1 Bund Dill	
1 Bund Borretsch	
1 Bund Estragon	
1 Bund Basilikum	
½ Kästchen Kresse	
	die Kräuter waschen, trockentupfen
1 kleine Zwiebel	abziehen
	alle Zutaten grob zerkleinern, mit
1 Becher (150 g) Crème fraîche	
125 g Magerquark	in einem elektrischen Mixer einige Minuten schlagen lassen
	die Soße mit
Salz, Pfeffer, Zucker	abschmecken.
	Grüne Soße zu gekochten Eiern oder zu gekochtem Rindfleisch reichen.

Hähnchenbrüstchen in Limetten-Soße

(Abb. oben)

Hähnchenbrustfilets (etwa 600 g)	waschen, trockentupfen, mit
Salz	
Pfeffer	würzen
	die Hähnchenbrustfilets zunächst in
Weizenmehl	dann in
1 verschlagenen Ei	zuletzt in
125 g abgezogenen, gehackten Mandeln	wenden
40 g Butterschmalz	
oder Margarine	erhitzen, das Fleisch von beiden Seiten darin braten, erkalten lassen
	für die Soße
2 Limetten (unbehandelt)	mit heißem Wasser abwaschen, etwas von der Schale abreiben, die Limetten halbieren, den Saft auspressen, 4 Eßl. von dem Saft mit der abgeriebenen Schale,
2 Bechern (je 150 g) Crème fraîche	
2 Eßl. feingehackter Zitronenmelisse	
2 Eßl. trockenem Wermut	verrühren, mit Salz abschmecken
	die Hähnchenbrustfilets auf
gewaschenen, feingeschnittenen Salatblättern	anrichten, mit der Hälfte der Soße übergießen
2 Eßl. grünen Pfeffer	darüberstreuen, mit
Zitronenmelisse	
Limettenscheiben	garnieren
	die restliche Salatsoße dazureichen
Bratzeit:	Etwa 8 Minuten.
Beigabe:	Toast, Butter.

Erbsen-Soufflé

(Abb. rechts)

50 g Butter	zerlassen
40 g Weizenmehl	unter Rühren so lange darin erhitzen, bis es hellgelb ist
500 ml (½ l) Milch	hinzugießen, mit einem Schneebesen durchschlagen, darauf achten, daß keine Klumpen entstehen, die Soße zum Kochen bringen, etwa 5 Minuten kochen lassen, mit
Salz	
Pfeffer	
geriebener Muskatnuß	würzen
2 Eigelb	verschlagen, unterrühren, die Soße etwas abkühlen lassen
450 g ausgepalte Erbsen (etwa 1 kg mit Schoten)	waschen, abtropfen lassen, in die Soße geben
2 Eiweiß	steifschlagen, unterheben
	eine Soufflé-Form ausfetten, mit
Weizenmehl	ausstreuen die Masse einfüllen
	die Form auf dem Rost in den vorgeheizten Backofen schieben
Strom:	Etwa 200
Gas:	Etwa 4
Backzeit:	Etwa 20 Minuten
	das gare Soufflé sofort servieren.

Kartoffelbrei-Nestchen mit Erbsen-Schinken-Füllung

(Abb. rechts)

750 g mehlig-kochende Kartoffeln	waschen, in so viel
Wasser	zum Kochen bringen, daß die Kartoffeln bedeckt sind, garkochen lassen, abgießen, abdämpfen, noch heiß pellen, durch die Kartoffelpresse geben
2 Eier	
1-2 Eßl. Butter	unterrühren, die Masse durchschlagen, mit
Salz	
frisch gemahlenem weißem Peffer	
geriebener Muskatnuß	abschmecken
	den Kartoffelbrei in einen Spritzbeutel mit großer, gezackter Tülle füllen, auf ein gefettetes Backblech 4-6 Nester spritzen
1 Eigelb	mit
etwas kaltem Wasser	verschlagen, die Kartoffelbrei-Nestchen damit bestreichen, das Backblech in die Mitte des vorgeheizten Backofens schieben
Kochzeit für die Kartoffeln:	20-25 Minuten
Einstellung für den Backofen:	
Strom:	200-225
Gas:	4-5
Backzeit:	10-15 Minuten
	für die Füllung
150 g ausgepalte Erbsen (etwa 400 g mit Schoten)	waschen, abtropfen lassen
50 g gekochten Schinken	in Würfel schneiden
2 Eßl. Butter	zerlassen, beide Zutaten darin andünsten
125 ml (⅛ l) Wasser	hinzugießen, zum Kochen bringen, gardünsten lassen, mit
Salz	
Pfeffer	
1 Eßl. Weißwein	
1 Teel. Speisestärke	verrühren, die Erbsen-Schinken-Masse damit binden, in die heißen Kartoffelbrei-Nestchen füllen, sofort servieren
Dünstzeit für die Füllung:	8-10 Minuten.
Tip:	Kartoffelbrei-Nestchen mit Erbsen-Schinken-Füllung eignen sich sehr gut als Beigabe zu kurzgebratenem Fleisch wie Schweinefilets oder Koteletts.

Erbsen-Krabben-Toast

(Abb. unten)

100 g ausgepalte Erbsen (etwa 300 g mit Schoten)	waschen, abtropfen lassen
2 Eßl. Butter	zerlassen, die Erbsen darin in etwa 8 Minuten gardünsten lassen, mit
Salz	
Pfeffer	würzen, erkalten lassen
etwa 50 g weiche Butter	mit
Knoblauchsalz	würzen
200 g Doppelrahm Frischkäse	mit Salz, Pfeffer
2 Eßl. Schlagsahne	verrühren
4 Scheiben Toastbrot	toasten, zuerst mit der Butter, dann mit dem Frischkäse bestreichen die Erbsen mit
100 g frische gepulten Nordseekrabben	vermengen, auf die Toastscheiben verteilen
2 Eßl. feingehackten Dill	darüberstreuen. Erbsen-Krabben-Toast als Vorspeise reichen.

Wir bitten unsere Gäste zum kalten Büfett

Klassisches Büfett

(Für 20 Personen)

Gemischte Fischplatte	**Rezept Seite 77**
Schollenfilets im Knuspermantel	**Rezept Seite 71**
Marinierte Gemüseplatte mit Avocadocreme	**Rezept Seite 162**
Ente mit Feigen	**Rezept Seite 172**
Kräuter-Roastbeef	**Rezept Seite 173**
Remouladensoße	**Rezept Seite 174**
Filet Gisela	**Rezept Seite 165**
Feiner Champignonsalat	**Rezept Seite 175 (doppelte Menge)**
Getrüffelte Fasanenterrine	**Rezept Seite 172**
Zitronenbutter	**Rezept Seite 175 (doppelte Menge)**
Kastenweißbrot	**Rezept Seite 35**
Brötchenkranz	**Rezept Seite 27**
Weizenvollkornbrot	**Rezept Seite 37**

Marinierte Gemüseplatte mit Avocadocreme

(Abb. rechts)

250 g Champignons	putzen, waschen
375 g Broccoli	putzen, die Stengel schälen, den Broccoli waschen
4–6 Stangen Staudensellerie	von braunen Stellen befreien, das obere Ende abschneiden, die Stangen waschen, in etwa 5 cm lange Stücke schneiden
2–3 mittlere Porreestangen	putzen, halbieren, waschen, in etwa 5 cm lange Stücke schneiden
2 große Möhren	putzen, schrappen, waschen, in etwa 5 cm lange, etwa ½ cm dicke Stifte schneiden
1–2 rote Paprikaschoten	halbieren, entstielen, entkernen, die weißen Scheidewände entfernen, die Schoten in etwa ½ cm breite Streifen schneiden
2–3 Fenchelknollen	vierteln oder sechsteln, evtl. braune Stellen entfernen, die Fenchelstücke waschen, das Gemüse nacheinander in
kochendes Salzwasser	geben, zum Kochen bringen, das Wasser zwischendurch einmal erneuern, beim Kochen des Fenchels
2 Eßl. Zitronensaft	in das Wasser geben
	das Gemüse gut abtropfen lassen, in die Fettfangschale legen
	für die Marinade
1 Zwiebel	
1–2 Knoblauchzehen	die Zutaten abziehen, die Zwiebel in feine Streifen schneiden, den Knoblauch zerdrücken, mit
4 Eßl. Salatöl	
4 Eßl. Weißwein-Essig	verrühren, mit
Salz, Pfeffer, Zucker	würzen, über das Gemüse geben
	die Marinade ab und zu in einer Ecke der Fettfangschale zusammenfließen lassen, erneut über das Gemüse verteilen, einige Stunden durchziehen lassen
Kochzeit für die Champignons:	Etwa 1 Minute
für den Broccoli:	Etwa 3 Minuten, dicke Stengel etwa 5 Minuten
für den Stauden-	

sellerie:	Etwa 1 Minute
für den Porree:	2-3 Minuten
für die Möhren:	3-5 Minuten
für die Paprikaschoten:	Etwa 1 Minute
für den Fenchel:	Etwa 7 Minuten
	für die Avocadocreme
1 reife Avocado	schälen, halbieren, entkernen, das Fruchtfleisch pürieren oder mit einer Gabel zerdrücken, mit
1 Eßl. Zitronensaft	beträufeln
1 Becher (150 g) Crème fraîche	verrühren, mit dem Avocadopüree,
1 Becher (150 g) Joghurt	gut verrühren
1 Knoblauchzehe	abziehen, durchpressen, zu der Avocadocreme geben
1 Eßkl. gehackte Petersilie **1 Eßl. gehackten Dill** **1 Eßl. feingeschnittenen Schnittlauch**	unterrühren
Zitronensaft **Zwiebelsalz** **Salz, Pfeffer, Zucker**	die Avocadocreme mit abschmecken, das Gemüse auf einer großen Platte anrichten, mit
Petersilie	garnieren, die Avocadocreme dazureichen.

Lammrücken im Teig

(Abb. oben)

	Für den Quarkblätterteig
250 g Weizenmehl	auf die Tischplatte sieben, in die Mitte eine Vertiefung eindrücken
250 g Magerquark **Salz**	hineingeben, mit einem Teil des Mehls zu einem dicken Brei verarbeiten
250 g kalte Butter	in Stücke schneiden, auf den Brei geben, mit Mehl bedecken, von der Mitte aus alle Zutaten schnell zu einem glatten Teig verkneten, 2-3 Stunden oder über Nacht kalt stellen
2 Lammkotelettstücke (je etwa 1¼ kg)	jeweils vom Knochen lösen, das Fleisch vom Fett befreien das Fleisch unter fließendem kaltem Wasser abspülen, trockentupfen, jeweils 2 Fleischstücke mit Küchengarn umwickeln, mit
Salz, Pfeffer **Kräutern der Provence**	würzen
3-4 Knoblauchzehen	abziehen, durchpressen, das Fleisch damit bestreichen
3 Eßl. Speiseöl	erhitzen, das Fleisch rundherum 5-6 Minuten darin anbraten, erkalten lassen, das Küchengarn entfernen von
1 kg Mangold	die Stiele abschneiden, die Blätter gründlich waschen, in
kochendes Salzwasser	geben, zum Kochen bringen, 2-3 Minuten kochen lassen, auf ein Sieb geben, mit kaltem Wasser übergießen, abtropfen lassen die Mangoldstiele waschen, in ½ cm breite Streifen schneiden, in das kochende Salzwasser geben, zum Kochen bringen, 2-3 Minuten kochen, abtropfen lassen
	für die Soße
1-2 Knoblauchzehen	abziehen, zerdrücken, mit
2 Eßl. Olivenöl **2 Eßl. Weißweinessig** **1 Teel. Senf**	verrühren, mit Salz, Pfeffer abschmecken, mit den Mangoldstreifen vermengen, gut durchziehen lassen die Hälfte des Teiges zu einem Quadrat von 35 × 35 cm ausrollen, an den Seiten einen 2-3 cm breiten Streifen abschneiden (zum Garnieren zurücklegen) auf die Mitte des Teiges ¼ von
250 g durchwachsenen Speckscheiben (dünn geschnitten)	geben, darauf etwa 4 Mangoldblätter

legen, darauf 2 der 4 Fleischstücke legen, mit 4 Mangoldblättern bedecken, mit ¼ der durchwachsenen Speckscheiben belegen
die Teigränder mit etwas von

1 verschlagenem Eiweiß bestreichen, den Teig über das Fleisch klappen, mit der glatten Seite nach unten auf ein mit Wasser abgespültes Backblech legen
mit einem kleinen Ausstecher 2 Löcher in die Teigoberfläche stechen
die Teigreste durchkneten, ausrollenb, beliebige Figuren ausstechen, mit Eiweiß bestreichen, auf die Teigoberfläche kleben
die zweite Teighälfte mit den restlichen Zutaten auf die gleiche Weise zubereiten

1 Eigelb mit
1 Eßl. Milch verschlagen, die Teigpakete damit bestreichen, das Backblech in den vorgeheizten Backofen schieben

Strom: 200-225
Gas: 3-4
Backzeit: Etwa 40 Minuten

den garen Lammrücken erkalten lassen, im ganzen auf einer Platte anrichten, mit
Mangold garnieren
die restlichen Mangoldblätter in Streifen schneiden, zu den marinierten Mangoldstielen geben

4 mittelgroße Fleischtomaten (etwa 800 g) waschen, abtrocknen, halbieren, aushöhlen, innen mit Pfeffer bestreuen
den Mangoldsalat mit Salz, Pfeffer,
Weißwein abschmecken, einen Teil davon in die ausgehöhlten Tomaten füllen, auf die Fleischplatte setzen
den restlichen Salat in eine Glasschüssel geben, dazureichen.

Filet Gisela

(Abb. S. 162/163)

750 g Schweinefilet unter fließendem kaltem Wasser abspülen, trockentupfen, Haut und Sehnen entfernen, mit
Salz, Pfeffer
gerebeltem Majoran würzen
250 g durchwachsenen Speck in Scheiben schneiden, das Fleisch damit umwickeln, in eine feuerfeste Form legen, die Form auf dem Rost in den vorgeheizten Backofen schieben

Strom: Etwa 225
Gas: 5-6
Bratzeit: 30-35 Minuten

das gare Schweinefilet erkalten lassen, in Scheiben schneiden, auf einer Platte anrichten, mit
Petersilie
Tomatenachteln garnieren

für die Soße

1 Eigelb mit
1 Teel. Senf
1 Teel. Essig
1 gestrichenen Teel. Salz, Pfeffer zu einer dicklichen Masse schlagen
nach und nach
125 ml (⅛ l) Salatöl unterschlagen
2 Eßl. Joghurt unterrühren
2 mittelgroße Tomaten waschen, abtrocknen, halbieren, entkernen, die Stengelansätze herausschneiden
1-2 hartgekochte Eier pellen
1 Gewürzgurke die drei Zutaten in Würfel schneiden, mit
1 Eßl. gemischten, gehackten Kräutern unter die Soße rühren, mit Salz, Pfeffer abschmecken.

Garnierte Kräckers

(Abb. oben)

250 g Speisequark evtl. abtropfen lassen, mit
1 Becher (150 g) Crème fraîche verrühren, mit
Salz
Paprika edelsüß abschmecken
2 Teel. gemischte gehackte Kräuter unterrühren
die Creme in einen Spritzbeutel mit gezackter Tülle füllen, auf
etwa 25 Kräckers spritzen, nach Belieben mit
halbierten gefüllten Oliven
Kapern
Radieschenstücken
Zwiebelringen (in Paprika gewendet)
Gurkenscheiben
Petersilie
Kresse
Dillspitzen
Piri-Piri (aus dem Glas) garnieren.

Tip: Sollte die Käsecreme zu weich sein, etwa 2 Teel. Sahnesteif unterrühren.

Hirschkalbsrücken im Blätterteig

(Abb. oben)

Für die Füllung

750 g Hirschkalbsrücken im Stück (ohne Knochen) waschen, abtrocknen, enthäuten
1 Eßl. Butterschmalz erhitzen, das Fleisch von allen Seiten kurz darin anbraten, mit
Pfeffer würzen, herausnehmen
2-3 Zwiebeln abziehen
125 g durchwachsener Speck
beide Zutaten in Würfel schneiden
125 g Champignons putzen, waschen, fein hacken
die drei Zutaten in den Bratensatz geben, glasig dünsten, erkalten lassen

1 Eßl. gehacktes Basilikum
½ Teel. gehackten Salbei
½ Teel. gehackten Majoran unter die erkaltete Masse rühren, mit Pfeffer,
Salz abschmecken

für den Teig

1 Packung (300 g) tiefgekühlten Blätterteig nach der Vorschrift auf der Packung auftauen lassen, zu einer länglichen Platte in der dreifachen Größe des Hirschkalbsrückens ausrollen (nach Belieben etwas Teig zum Garnieren abnehmen), etwas von der Füllung in der Länge des Fleischstükkes in die Mitte des Teiges geben, den Hirchkalbsrücken darauflegen, mit der restlichen Füllung bedecken, den Teig um das Fleisch schlagen, auf ein mit Wasser abgespültes Backblech legen (glatte Teigseite nach oben), mit dem zurückgelassenen Teig garnieren, über die Teigoberseite verteilt etwa 3 pfenniggroße Löcher ausstechen
½ Eigelb mit
1 Teel. Milch verschlagen, den Teig damit bestreichen
das Backblech in den vorgeheizten Backofen schieben

Strom: 200-225
Gas: 3-4
Backzeit: Etwa 45 Minuten

das gare Fleisch aus dem Backofen nehmen, erkalten lassen, in nicht zu dünne Scheiben schneiden, auf einer Platte anrichten, mit
gedünsteten Birnenhälften, mit Preiselbeeren (aus dem Glas) gefüllt garnieren.

Garnierte Rehmedaillons

(Abb. links)

8 Rehmedaillons (je etwa 75 g, aus dem Rücken)	waschen, abtrocknen, mit
Salz	
Zitronensaft	
gerebeltem Rosmarin	würzen, mit
80 g dünnen durchwachsenen Speckscheiben	umwickeln, so daß sie eine runde, hohe Form bekommen, den Speck mit einem Holzspieß feststecken oder mit Küchengarn umwickeln
30 g Butterschmalz	erhitzen, das Fleisch von jeder Seite etwa 3 Minuten darin braten, herausnehmen, auf einen Teller legen, Holzspießchen (Küchengarn) entfernen, mit
1 Eßl. Weinbrand	beträufeln, erkalten lassen
150 g Geflügelleberpastete (aus der Dose)	mit
2 Eßl. Crème fraîche	
Weinbrand	zu einer geschmeidigen Masse verrühren, in einen Spritzbeutel mit gezackter Tülle füllen, auf die Rehmedaillons spritzen, mit
Kiwischeiben	
gedünsteten Champignonscheiben	
gedünsteten Pfifferlingen	
grünen Weintrauben	
Mandarinenspalten	
Pistazienkernen	
Petersilie	garnieren
Bratzeit:	Etwa 6 Minuten.
Beigabe:	Cumberlandsoße, Toast, Butter.

Avocados mit Krabben

(Abb. unten)

2 reife Avocados	waschen, abtrocknen, längs halbieren, entkernen, das Fruchtfleisch bis auf einen etwa ½ cm breiten Rand herauslösen, in kleine Stücke schneiden, mit
1 Eßl. Zitronensaft	beträufeln
	für die Salatsoße
1 Eßl. Butter	zerlassen, mit
2 Eßl. Crème fraîche	
1 Eßl. Milch	
1 Teel. feingehacktem Dill	verrühren, mit
Salz, Pfeffer, Zucker	
Zitronensaft	
Worcestersoße	abschmecken
	für die Füllung
3 mittelgroße Tomaten	waschen, abtrocknen, halbieren, die Stengelansätze herausschneiden, die Tomaten entkernen, in kleine Würfel schneiden
100 g frische gepulte Krabben oder Shrimps	mit den Avocado- und Tomatenwürfeln unter die Soße rühren die Füllung etwas durchziehen lassen die Avocadohälften mit
Zwiebelsalz	ausstreuen, mit der Krabbenmasse füllen, die Avocadohälften auf
gewaschenen Salatblättern	anrichten, mit
Zitronenscheiben	
Dillzweigen	garnieren.
Beigabe:	Stangenweißbrot oder Toast.
Veränderung:	Die Soße über die Füllung verteilen.

Garnierte Artischockenböden
(Abb. oben)

8-10 Artischockenböden (aus der Dose)	abtropfen lassen
etwa 150 g Geflügelleberpastete (aus der Dose)	mit
2 Eßl. Crème fraîche	
1 Eßl. Weinbrand	zu einer geschmeidigen Masse verrühren, in einen Spritzbeutel mit Sterntülle füllen, auf die Artischockenböden spritzen, mit
geviertelten Kiwischeiben	
geschnittenen Estragonblättern	garnieren.
Beigabe:	Stangenweißbrot, Butter.

Garnierte Eier
(Abb. oben)

4 hartgekochte Eier	pellen, längs halbieren, das Eigelb herauslösen, durch ein feines Sieb streichen, mit
100 g Doppelrahm-Frischkäse	
1 Eßl. Crème fraîche	verrühren, mit
Salz, Pfeffer	
Paprika edelsüß	
Currypulver	abschmecken die Masse in einen Spritzbeutel mit Sterntülle füllen, in die ausgehöhlten Eierhälften spritzen, mit
Shrimps	
geviertelten Zitronenscheiben	
Dillzweigen	garnieren.

Garnierte Kalbsmedaillons
(Abb. oben)

250 g Kalbsfilet	unter fließendem kaltem Wasser abspülen, trockentupfen, die Sehnen entfernen, das Fleisch in 4 gleichmäßige Scheiben schneiden, etwas zusammendrükken, mit
Salz, Pfeffer	würzen
1 Eßl. Butterschmalz	erhitzen, das Fleisch von jeder Seite etwa 3 Minuten darin braten, herausnehmen, auf einen Teller legen, mit
1 Eßl. Weinbrand	beträufeln, erkalten lassen
Bratzeit:	Etwa 6 Minuten
80 g Kalbsleberpastete (aus der Dose)	mit
1 Eßl. Crème fraîche	zu einer geschmeidigen Masse verrühren, in einen Spritzbeutel mit Sterntülle füllen, auf die Kalbsmedaillons spritzen, mit

Aspikwürfeln	
geviertelten	
Cocktailkirschen	
Mandarinenspalten	
(aus der Dose)	
Thymianblättern	garnieren.
Beigabe:	Salate, Toast, Butter.

Garnierter Damwildrücken

(Abb. unten)

1 Damwildrücken	
(etwa 1½ kg)	unter fließendem kaltem Wasser abspülen, trockentupfen, enthäuten
	für die Marinade
2 l Buttermilch	mit
1 Eßl. zerdrückten	
Wacholderbeeren	
2 Lorbeerblättern	
1 Eßl. zerdrückten	
Pfefferkörnern	
½ Eßl. zerdrückten Pimentkörnern	verrühren
1 Zitrone	
(unbehandelt)	mit heißem Wasser abwaschen, in Scheiben schneiden, hinzufügen den Damwildrücken in die Marinade legen, zugedeckt 2-3 Tage an einem kühlen Ort stehenlassen, das Fleisch ab und zu wenden, das marinierte Fleisch abtropfen lassen, trockentupfen, mit
Salz, Pfeffer	einreiben, mit
40 g weicher Butter	bestreichen
150 g fetten Speck	in Scheiben schneiden, die Hälfte davon in eine mit Wasser ausgespülte Rostbratpfanne legen, das Fleisch darauflegen, mit den restlichen Speckscheiben bedecken, die Rostbratpfanne in den vorgeheizten Backofen schieben sobald der Bratensatz bräunt, die aus der Marinade genommenen Gewürze (ohne Zitrone),
1 abgezogene, geviertelte Zwiebel	dazulegen, kurz mitbraten lassen
etwas heißes Wasser	hinzugießen, das Fleisch ab und zu mit dem Bratensatz begießen, verdampfte Flüssigkeit nach und nach ersetzen
Strom:	200-225
Gas:	4-5
Bratzeit:	45-60 Minuten das gare Fleisch vom Knochen lösen, erkalten lassen, in Scheiben schneiden
150 g Geflügelleberpastete (aus der Dose)	mit
2 Eßl. Crème fraîche	
1 Eßl. feingehacktem	
Basilikum	geschmeidig rühren, in einen Spritzbeutel mit Lochtülle füllen, die Hälfte davon auf das Knochengerüst spritzen, die Fleischscheiben wieder darauflegen, mit der restlichen Gefügellebercreme,
gekochten	
Spargelspitzen	
blauen Weintrauben	
Kumquats	garnieren, das Fleisch mit
Sherry-Aspik	bestreichen.

Rinderfiletscheiben, fruchtig und pikant

(Etwa 20 Portionen - Abb. oben)

2 × 1 kg Rinderfilet (jeweils aus der Mitte geschnitten)	unter fließendem kaltem Wasser abspülen, trockentupfen, evtl. Haut entfernen
4–5 Eßl. Speiseöl	in einer großen Bratpfanne erhitzen, die Filets von allen Seiten etwa 5 Minuten darin anbraten, mit
Salz, Pfeffer	würzen, in eine feuerfeste Form legen, das Bratfett darübergießen, die Form auf dem Rost in den vorgeheizten Backofen schieben die Filets während des Bratens ab und zu wenden, mit dem Bratensatz begießen
Strom:	225–250
Gas:	6–7
Bratzeit:	Etwa 30 Minuten die garen Rinderfilets aus dem Backofen nehmen, erkalten lassen, jedes Filet in 14–16 Scheiben schneiden die Filetscheiben wie folgt garnieren
1. Vorschlag:	
12 Aprikosenhälften (aus der Dose)	abtropfen lassen, jede Aprikosenhälfte mit einer von
12 Cocktailkirschen	füllen jeweils 2 Aprikosenhälften auf 6 Filetscheiben anrichten, mit
Zitronenmelisse	garnieren.
2. Vorschlag:	
200 g gekochte Erbsen	mit einem elektrischen Handrührgerät pürieren, durch ein Sieb streichen
1 Teel. Gelatine gemahlen, weiß	mit
2 Teel. kaltem Wasser	in einem kleinen Topf anrühren, 10 Minuten zum Quellen stehenlassen, unter Rühren erwärmen, bis sie gelöst ist, unter das Erbsenpüree rühren
1 Becher (150 g) Crème fraîche	anschlagen, unterheben, die Erbsencreme mit
Salz, Pfeffer geriebener Muskatnuß Pilz-Sojasoße	abschmecken, die Creme in einen Spritzbeutel mit gezackter Tülle füllen, einen Ring auf den Rand von 6 Filetscheiben spritzen

1-2 Tomaten	waschen, halbieren, entkernen, die Stengelansätze herausschneiden, das Tomatenfleisch in kleine Würfel schneiden, auf Küchenpapier abtropfen lassen die gespritzten Ringe mit den Tomatenwürfeln füllen, mit
Petersilienblättchen	garnieren
3. Vorschlag:	
½ reife Mango	schälen, entkernen, in 12 Spalten schneiden 6 Filetscheiben mit jeweils 2 Mangospalten über Kreuz belegen, mit jeweils einer von
6 Walnußkernhälften	garnieren
4. Vorschlag:	
Etwa 80 g Gänseleberpastete (aus der Dose)	kühl stellen, in 6 Scheiben schneiden, 6 Filetscheiben damit belegen
12 Mandarinenspalten (aus der Dose)	abtropfen lassen, jeweils 2 Mandarinenspalten auf jede Pastetenscheibe legen jede Filetscheibe mit
Pistazienkernen	garnieren
5. Vorschlag:	
200 g Geflügelleber	waschen, trockentupfen, evtl. Haut entfernen
1 Eßl. Butterschmalz	erhitzen, die Leber etwa 3 Minuten von allen Seiten darin anbraten, mit
Salz, Pfeffer italienischen Kräutern	würzen, erkalten lassen, mit einem elektrischen Handrührgerät pürieren, mit
75 g weicher Butter	verrühren, nochmals mit Salz, Pfeffer,
Madeira oder Weinbrand	abschmecken die Masse in einen Spritzbeutel mit gezackter Tülle füllen, auf etwa 8 Filetscheiben Rosetten spritzen
1 hartgekochtes Ei	pellen, in Scheiben schneiden, auf jede Rosette 1 Eischeibe legen
2-3 Oliven, mit Paprika gefüllt	in Scheiben schneiden, jeweils 1 Scheibe auf jede Eischeibe legen
6. Vorschlag:	
3 Eßl. Mandarinenspalten (aus der Dose)	abtropfen lassen, auf 3 Filetscheiben verteilen, mit
gehackten Pistazienkernen	garnieren.
	für das Aspik
1 Päckchen Gelatine gemahlen, weiß	mit
4 Eßl. kaltem Wasser	in einem kleinen Topf anrühren, 10 Minuten zum Quellen stehenlassen, unter Rühren erwärmen, bis sie gelöst ist
400 ml klare Schildkrötensuppe (aus der Dose)	zum Kochen bringen, von der Kochstelle nehmen, durch ein Sieb gießen
1-2 Eßl. Madeira	unterrühren, die Gelatine hineingeben, so lange rühren, bis sie gelöst ist, kalt stellen sobald die Flüssigkeit dicklich zu werden beginnt, die Filetscheiben damit bestreichen die restliche Aspikflüssigkeit auf einen Teller gießen, im Kühlschrank erstarren lassen das erstarrte Aspik in kleine Würfel schneiden, mit den glasierten Filetscheiben auf einer großen Platte anrichten.
Beigabe:	Stangenweißbrot, Butter.

Canapés mit Camembert

(Abb. unten)

200 g Camembert	in Scheiben schneiden, zunächst in
1 Eßl. Weizenmehl	dann in
1 verschlagenen Ei	zuletzt in
75 g abgezogenen, gehobelten Mandeln	wenden
40 g Butter	in einer Pfanne zerlassen, die Camembertscheiben kurz darin anbraten, herausnehmen, kalt stellen
8 Scheiben Stangenweißbrot	mit
Butter	bestreichen, die erkalteten Camembertscheiben auf den Weißbrotscheiben anrichten, nach Belieben mit
Ananasstücken Mandarinenspalten Kiwischeiben	garnieren.

Ente mit Feigen

(Abb. oben - S. 162/163)

1 küchenfertige Ente (etwa 1½ kg)	waschen, abtrocknen, innen mit
Salz	einreiben, mit dem Rücken nach unten auf den Rost auf eine mit Wasser ausgespülte Rostbratpfanne legen, auf die untere Schiene in den vorgeheizten Backofen schieben während des Bratens ab und zu unterhalb der Flügel und Keulen in die Ente stechen, damit das Fett besser ausbraten kann nach etwa 30 Minuten Bratzeit das angesammelte Fett abschöpfen sobald der Bratensatz bräunt, etwas
heißes Wasser	hinzugießen, die Ente ab und zu mit dem Bratensatz begießen, verdampfte Flüssigkeit nach und nach ersetzen 10 Minuten vor Beendigung der Bratzeit die Ente mit
kaltem Salzwasser	bestreichen, die Hitze auf stark stellen, damit die Haut schön kroß wird
Strom:	200–225, **Gas:** 3–4
Bratzeit:	Etwa 1¾ Stunden die gare Ente erkalten lassen, den Bratensatz durch ein Sieb gießen, entfetten
1 Teel. Gelatine gemahlen, weiß	mit
1 Eßl. kaltem Wasser	anrühren, 10 Minuten zum Quellen stehenlassen, unter den noch heißen Bratensatz rühren, so lange rühren, bis sie gelöst ist, den Bratensatz mit Salz,
Pfeffer	abschmecken
1 Eßl. Portwein	unterrühren, kalt stellen das Brustfleisch der Ente vom Knochen lösen, in Scheiben schneiden, wieder auf das Knochengerüst legen, auf einer Platte anrichten, mit
Zitronenmelisse	garnieren
4–6 frische Feigen	waschen, abtropfen lassen, kreuzweise einschneiden, etwas auseinanderbiegen, sie um die Ente herumsetzen, den erkalteten, festgewordenen Bratensatz in Würfel schneiden, mit auf die Platte geben, mit
Zitronenmelisse	garnieren.

Getrüffelte Fasanenterrine

(Abb. S. 162/163)

1 küchenfertigen Fasan (etwa 1,2 kg)	waschen, abtrocknen, entbeinen, die Brustfilets in eine Schüssel legen

3 Eßl. Weinbrand darübergeben, zugedeckt 1-2 Stunden durchziehen lassen

200 g frischen, fetten Speck durch die feine Scheibe des Fleischwolfs drehen, mit dem elektrischen Handrührgerät geschmeidig rühren

400 g schieres Schweinefleisch waschen, abtrocknen

1 kleine Zwiebel
1 Knoblauchzehe beide Zutaten abziehen, mit dem Fasanen- und dem Schweinefleisch durch die feine Scheibe des Fleischwolfs drehen, die Brustfilets aus der Weinbrand-Marinade nehmen, trockentupfen
die Marinade mit dem durchgedrehten Fleisch zu dem geschmeidig gerührten Speck geben, mit

3 Eßl. Portwein, 1 Ei
1 Becher (150 g) Crème fraîche
1 Teel. Pastetengewürz verrühren, mit

Salz, Pfeffer abschmecken, von

25 g Trüffeln 2 in sehr kleine Würfel schneiden, unter die Fleischmasse rühren eine Terrinenform (mit Deckel, etwa 1¾ l Inhalt) mit

250-300 g frischen, fetten Speckscheiben auslegen (einige zurücklassen)
die Hälfte der Fleischmasse hineingeben, die Brustfilets darauflegen, festdrücken, die restliche Fleischmasse daraufgeben, glattstreichen, mit den zurückgelassenen Speckscheiben belegen, mit dem Deckel verschließen, die Terrine in die Rostbratpfanne stellen, in den vorgeheizten Backofen schieben

1 l warmes Wasser in die Rostbratpfanne gießen, nach der Hälfte der Garzeit nochmals

etwa 750 ml (¾ l) warmes Wasser hinzugießen

Strom: 200-225, **Gas:** 3-4

Garzeit: Etwa 1¾ Stunden
von der garen Terrine das flüssige Fett abgießen, die Terrine beschweren, mindestens 1 Tag kalt stellen

für das Portwein-Aspik

1 schwach gehäuften Teel. Gelatine gemahlen, weiß mit

1 Eßl. kaltem Wasser anrühren, 10 Minuten zum Quellen stehenlassen

100 ml Trüffel-Kraftbrühe (aus der Dose) mit

Portwein auf 125 ml (⅛ l) auffüllen, zum Kochen bringen, von der Kochstelle nehmen, die Gelatine unter Rühren hineingeben, so lange rühren, bis sie gelöst ist
die zurückgelassenen Trüffel in dünne Scheiben schneiden, die Terrine mit

Pistazienkernen und den Trüffelscheiben garnieren, mit der abgekühlten Aspikflüssigkeit übergießen, erstarren lassen.

Kräuter-Roastbeef

(Abb. S. 162/163)

2 kg Roastbeef waschen, abtrocknen, die Haut (Fett) leicht einritzen, das Fleisch mit

Salz, Pfeffer einreiben

2 Knoblauchzehen abziehen, zerdrücken, das Fleisch mit

2 Eßl. Senf und den zerdrückten Knoblauchzehen einreiben, reichlich mit

Kräutern der Provence bestreuen, auf den Rost auf eine mit Wasser ausgespülte Rostbratpfanne legen, in den vorgeheizten Backofen schieben
das Roastbeef ab und zu wenden

Strom: 225-250

Gas: 6-7

Bratzeit: 35-40 Minuten
das gare Fleisch erkalten lassen, in Scheiben schneiden, auf einer Platte anrichten.

Avocados mit Roquefortcreme

(Abb. unten)

2 reife Avocados waschen, abtrocknen, halbieren, entsteinen
das Fruchtfleisch bis auf einen etwa ½ cm breiten Rand herauslösen, durch ein Sieb streichen oder mit dem elektrischen Handrührgeräte pürieren

1 Becher (150 g) Crème fraîche hinzufügen, die Masse cremig schlagen

1 kleine Zwiebel abziehen, reiben, unterrühren
die Masse mit

Salz, Pfeffer abschmecken

75 g Roquefort-Käse mit einer Gabel zerdrücken, mit

2 Eßl. Schlagsahne verrühren, unter die Avocadocreme heben
die Creme in einen Spritzbeutel mit gezackter Tülle füllen, in die Avocadohälften spritzen, mit

schwarzen Oliven
Salatblättern anrichten.

Remouladensoße

(Abb. unten)

2 hartgekoche Eier	pellen, das Eigelb durch ein Sieb streichen (Eiweiß zurücklassen), mit
1 rohen Eigelb **Salz** **1 Teel. Zucker**	verrühren, dann tropfenweise unter Schlagen die Hälfte von
125 ml (1/8 l) Salatöl	hinzufügen, ist die Masse steif genug,
2 Eßl. Essig oder Zitronensaft **1 Teel. Senf**	hinzufügen, dann erst den Rest des Öls hinzugeben
1/2-1 Eßl. Kapern (aus dem Glas)	fein hacken
2 kleine Gewürzgurken	in feine Würfel schneiden nach Belieben
1-2 gewässerte Sardellen	fein hacken
1 Teel. grünen Pfeffer	mit einer Messerspitze zerdrücken
2 Eßl. gemischte, gehackte Kräuter	
	die Zutaten zu der Mayonnaise geben das hartgekochte Eiweiß in kleine Würfel schneiden, mit in die Soße geben Remouladensoße zu gekochtem Fleisch und Fisch reichen.

Mitternachtssuppe

(8-10 Portionen)

250 g Rindfleisch **250 g Schweinefleisch**	das Fleisch unter fließendem kaltem Wasser abspülen, trockentupfen, in Würfel schneiden
50 g Schweineschmalz	zerlassen, das Fleisch von allen Seiten gut darin anbraten
250 g Zwiebeln	abziehen, halbieren, zu dem Fleisch geben, kurze Zeit mitschmoren lassen, mit
Salz **frisch gemahlenem weißem Pfeffer** **Zucker** **Paprika extra scharf** **Tabascosoße** **Chilisoße** **Cayennepfeffer** **Madeira**	würzen
1 l Instant-Fleischbrühe	hinzugießen, kochen lassen
1 Stange Porree	putzen, längs halbieren, waschen, in schmale Scheiben schneiden, evtl. nochmals waschen
1 rote Paprikaschote	vierteln, entstielen, entkernen, die weißen Scheidewände entfernen, die Schote waschen
1 Stück Sellerie (etwa 125 g)	putzen, schälen, waschen
2 Möhren	putzen, schrappen, waschen die drei Zutaten in Streifen schneiden nach etwa 15 Minuten Kochzeit das Gemüse in die Suppe geben, garkochen lassen 5 Minuten vor Beendigung der Kochzeit
425 g Rote Bohnenkerne (aus der Dose) **425 g Weiße Bohnenkerne (aus der Dose)**	mit der Flüssigkeit hinzufügen, kurz miterhitzen die Suppe mit Salz, Pfeffer, Zucker, Tabasco, Chilisoße, Cayennepfeffer abschmecken
Kochzeit:	Etwa 1 Stunde.

Fisch-Platte

(Abb. oben)

Bücklinge	
frisch gepulte Shrimps	
geräucherte Forellenfilets	
mit Paprika gefüllte Rollmöpse	
geräucherte Lachsscheiben	auf einer Platte anrichten, mit
Eihälften, Sardellen	
Gewürzgurke	
Radieschenscheiben	
Tomatenkörbchen	
Tomatenröschen	
Zitronenscheiben (unbehandelt)	
Petersilie, Kresse	garnieren.

Zitronenbutter

(Abb. S. 162/163)

125 g Butter	geschmeidig rühren
1-2 Zitronen (unbehandelt)	mit heißem Wasser abwaschen, abtrocknen, dünn schälen die Schale in sehr kleine Würfel schneiden, hinzufügen, mit der Butter verrühren. Zitronenbutter zu Broten mit Frischkäse, Honig und Konfitüre reichen.

Feiner Champignon-Salat

(Abb. S. 162/163)

500 g Champignons	putzen, waschen, vierteln, in
wenig Wasser	gardünsten lassen, mit
Salz, Pfeffer	würzen, erkalten lassen
200 g Roastbeefscheiben (als Aufschnitt)	in Streifen schneiden
2 hartgekochte Eier	pellen, in Würfel schneiden beide Zutaten mit den Champignons vermengen
	für die Salatsoße
4 Eßl. Salatöl	mit
2 Eßl. Kräuteressig	
1-2 Eßl. Tomaten-Ketchup	
3-4 Eßl. Schlagsahne	
1 Teel. Weinbrand	
Paprika edelsüß	verrühren, mit
Salz	
Pfeffer	
Zucker	abschmecken
2 Eßl. gehackte Petersilie	unterrühren, mit den Salatzutaten vermengen, etwa 20 Minuten im Kühlschrank durchziehen lassen, den Salat mit Salz, Pfeffer, Zucker abschmecken, mit
Eischeiben	
Petersilie	garnieren
Dünstzeit:	Etwa 10 Minuten.

Wildschweinschinken mit Artischockensalat

150 g Wildschweinschinken (in hauchdünne Scheiben geschnitten)	auf einer Platte anrichten
	für den Artischocken-Salat
4 gekochte Artischocken	entblättern, das Heu entfernen, die Artischockenböden in etwa 2 mm dicke Streifen schneiden
3–4 Eßl. Olivenöl	mit dem
Saft von ½ Zitrone	verrühren, mit
Salz geschrotetem schwarzem Pfeffer	abschmecken, mit den Artischockenstreifen vermengen, nach Belieben in
1 großen, geputzten, gewaschenen Artischocke	anrichten, mit
Zitronenscheiben Basilikumblättchen	garnieren, zu dem Schinken reichen.

Kaviarschnitten

(Abb. oben)

75 g Butter	geschmeidig rühren, von
etwa 50 g Kaviar (aus dem Glas)	knapp die Hälfte zerdrücken, unter die Butter rühren
8 sehr kleine Scheiben Stangenweißbrot	mit etwas Kaviarbutter bestreichen, die restliche Butter in einen Spritzbeutel mit gezackter Tülle geben, als Kranz auf die Brotscheiben spritzen, in die Mitte den übrigen Kaviar geben, die Kaviarschnitten mit
Limettenscheiben Zwiebelringen Dillzweig	garnieren.

Kasseler mit Äpfeln im Blätterteig

	Für die Füllung
750 g Äpfel, z. B. Cox Orange	schälen, vierteln, entkernen, in Spalten schneiden
125 ml (⅛ l) Wasser	mit
250 ml (⅛ l) Weißwein	
50 g Zucker	zum Kochen bringen, die Apfelspalten hineingeben, zum Kochen bringen, einige Minuten kochen lassen, auf ein Sieb zum Abtropfen geben, die Flüssigkeit auffangen, die Äpfel erkalten lassen
2 kg sehr mageres Kasseler ohne Knochen	unter fließendem kaltem Wasser abspülen, trockentupfen, auf dem Rost in die Rostbratpfanne legen
2 Eßl. Speiseöl	erhitzen, das Fleisch damit bestreichen, in den vorgeheizten Backofen schieben, in etwa 25 Minuten braun braten lassen
Apfelflüssigkeit	evtl. etwas von der hinzugießen
	das Kasseler herausnehmen, erkalten lassen
	für den Teig
2 Packungen (je 300 g) tiefgekühlten Blätterteig	nach der Vorschrift auf der Packung auftauen lassen
	die Teigplatten nebeneinander legen, zu einer Platte in der dreifachen Größe des Kasselers ausrollen (etwas Teig zum Garnieren abnehmen)
	das Fleisch darauflegen, die Apfelspalten auf das Fleisch schichten, den Teig um das Fleisch schlagen, die Nahtstellen mit etwas von
1 verschlagenen Eiweiß	bestreichen, gut festdrücken
	das Teigpaket mit der glatten Seite nach unten auf ein mit Wasser ausgespültes Backblech legen
	aus dem restlichen Blätterteig Streifen schneiden, mit dem restlichen Eiweiß bestreichen, die Teigoberfläche damit garnieren
	mit einem Holzstäbchen mehrmals in die Oberfläche stechen
1 Eigelb	mit
etwas Milch	verschlagen, die Teigoberfläche damit bestreichen
	das Backblech in den vorgeheizten Backofen schieben
Strom:	200–225
Gas:	4–5
Bratzeit:	Etwa 25 Minuten
Backzeit:	Etwa 40 Minuten
Beigabe:	Gemischter Salat.

Küchenratgeber

Brot ist aller kalten Küchen Anfang

Ein bißchen zur Geschichte

Nach wie vor stellt das Brot einen wesentlichen Bestandteil unserer Ernährung dar. Und wie viele Dinge hat auch das Brot eine Vergangenheit, die viele Jahrtausende zurückreicht.

Das erste Brot war ein Getreidebrei, der in Fladenform getrocknet wurde. Dazu wurde das Getreide in mörserartigen Geräten zerrieben und mit Wasser zu einem Brei angerührt. Dieser Getreidebrei wurde auf heiße Steine gegeben und so getrocknet. Solch ein Brot mußte allerdings noch am gleichen Tag verzehrt werden, wenn es noch eßbar sein sollte, denn wegen der geringen Flüssigkeit war es am nächsten Tag steinhart.

Vor 6000 Jahren kannte man bereits die Getreidearten Weizen, Gerste und Hirse als Kulturformen. Schon zu dieser Zeit wurde im Orient, China, Indien und Ägypten ein regelrechter Getreide-Ackerbau betrieben. Dokumente aus dieser Zeit belegen, daß schon mehrere Arten von Brot bekannt waren. Im Land der Pharaonen entwickelte sich die Kunst des Brotbackens zu einer hohen Blüte. Es waren über 30 verschiedene Brotsorten bekannt. Doch gab es strenge Sitten. Das beste und feinste Brot erhielten nur die Pharaonen und andere Hoheiten. Die Soldaten und das Volk mußten mit geringerer Qualität vorliebnehmen.

Im Mittelalter schließlich entwickelte sich eine sagenhafte Fertigkeit im Brotbacken. Fast scheint es, als hätten die Bäcker eine wahre Freude gehabt, neue Brotsorten zu »erfinden«. Immer stärker wurde auch der gesundheitliche Aspekt berücksichtigt, und mehr und mehr wurde experimentiert und ausprobiert.

Betrachtet man die heutige Zeit, muß man feststellen, daß sich einiges verändert hat. Aus den heißen Steinen wurden Backstuben, aus dem Getreidebrei der Brotteig. Inzwischen gibt es bei uns über 200 verschiedene Brotsorten - eine enorme Vielzahl, die wohl einmalig auf der Welt ist.

Die vielen Brotsorten und -formen

Brotsorten, das sind alle nach Mehlart, Mehltype, Mehlmischung, Verarbeitung und Konsistenz gleichen Brote. Aber neben den unterschiedlichsten Sortenbezeichnungen wie Roggenmischbrot, Weizenbrot usw. gibt es auch Unterschiede in Form und Oberfläche der Brote. So gibt es Längs- oder Ovalformen, aber auch runde Brote. Weiterhin unterscheiden sich die Brote in

der Oberfläche. Es gibt bemehlte, glatte, blanke oder welche mit Einschnitten. Manche haben auch Vertiefungen oder Einkerbungen, die vor dem Backen mit dem Finger eingedrückt wurden. Auch in ihrem Krustenanteil unterscheiden sich die verschiedenen Brote. So gibt es geschobene Brote, die einzeln gebacken werden und rundherum eine Kruste haben oder die angeschobenen Brote, die beim Backen nebeneinander liegen, sich berühren und daher an der Innenseite keine Kruste bilden können. Schließlich gibt es noch Kasten- oder Korbbrote, die entweder in Kastenformen oder in Körbchen gebacken werden. Sie haben von allen den geringsten Anteil an Kruste.

Teigmischung – unterschiedlich wie die Sorten

So unterschiedlich die Formen bei den Broten auch oft sind, bestehen sie doch häufig aus der gleichen Teigmischung. Weißbrot gibt es als Laib, Baguette, Stangenbrot oder Brötchen.

Der Fachmann aber unterscheidet ausschließlich nach den in dem Brot verwendeten Mehlsorten. Folgend nun ein Überblick über die im Bäckereifachgeschäft verwendeten Ausdrücke:

Roggenbrot:

Es besteht aus Roggenmehl, das verschiedene Ausmahlungsgrade besitzt, und wird zu allerhand Sorten und Formen verarbeitet. Da es meist sehr hochwertig ausgemahlen ist, enthält es viele Vitamine und Mineralstoffe.
Die Kruste des Roggenbrotes ist meistens sehr grob-porig, der Geschmack fein-säuerlich.
Ein großer Vorteil des Roggenbrotes ist, daß es sich sehr lange frisch hält. Als idealer Belag sind deftige Wurstsorten und roher Schinken sowie Räucherfisch, kräftige Käsesorten wie Tilsiter oder Appenzeller zu empfehlen.

Roggenmischbrot:

Für dieses Brot wird der Teig aus Roggen- und Weizenmehl in verschiedenen Verhältnisformen und Ausmahlungsgraden mit Sauerteig oder Hefe oder mit beiden Triebmitteln gemischt. Je dunkler die Krume, desto höher ist der Ausmahlungsgrad des Mehls. Und je höher der Ausmahlungsgrad ist, desto reicher ist das Brot an Nährstoffen und Wirkstoffen. Solche Roggenmischbrote müssen mindestens 51% Roggenmehl enthalten.
Der Geschmack dieses Brotes ist würzig-kräftig, und es wird sehr viel gekauft. Der Volksmund kennt es unter dem Namen Graubrot.
Als idealer Belag gelten deftige und mildere Wurstsorten, roher oder gekochter Schinken, milder und scharfer Käse, aber auch geräucherter Fisch und andere Fischzubereitungen.

Vollkornbrot:

Ungeschälte Getreidekörner, einschließlich der Keimlinge, werden gemahlen und in diesem Brot verarbeitet.
Vollkornbrot enthält alle Bestandteile des gereinigten Korns, einschließlich der äußeren Schicht (Aleuronschicht), viele Mineralstoffe und den sehr wertvollen Keim. Aus diesem Grund besitzt das Vollkornbrot die vor allem für den Kohlenhydratstoffwechsel dringend benötigten B-Vitamine.
Durch die mitverwendeten Keimlinge ist das Vollkornbrot auch reich an mehrfach ungesättigten (lebensnotwendigen) Fettsäuren. Darüber hinaus sorgen die Keimlinge für einen hohen Anteil an Eiweiß.

Es wird in Roggen- und Weizenvollkornbrot unterschieden.
Roggenvollkornbrot ist würzig-kräftig und etwas säuerlich.
Weizenvollkornbrot ist dagegen würziger und von walnußartigem Geschmack.

Ein idealer Brotbelag für dieses Brot ist alles, was kräftig und würzig ist, wie geräucherter, roher Schinken, Frühstücksspeck, Schmalzzubereitungen, geräucherte und luftgetrocknete Wurst, Salami, Räucherfisch wie Makrele, Bückling und Räucheraal. Auch die würzigen Käsesorten wie Gorgonzola bis Roquefort, vor allem Gouda- bis Münsterkäse schmecken sehr gut zu diesem kräftigen Brot.

über viele Monate frisch hält - vorausgesetzt, es wird verschlossen und trocken gelagert.

Pumpernickel:

Dieses ist ein in Westfalen erfundenes Brot. Zur Herstellung des Teiges wird Roggenschrot und dunkles Roggenmehl verwendet, das mit Sauerteig gemischt und mindestens 16 Stunden, höchstens 24 Stunden in Dampfkammern gebacken wird. Dabei entstehen Dextrine und Röststoffe, die dem Brot sein typisch dunkles Aussehen verleihen. Durch diese Garmethode kommt auch der malzig-süße und kräftige Geschmack zustande, der dieses Brot bekannt gemacht hat.

Sandwiches:

Sie sind die Erfindung eines pfiffigen Kochs. Der Vierte Earl of Sandwich, John Montagu, war ein leidenschaftlicher Kartenspieler, der sein Spiel nie unterbrechen wollte. Da er es aber haßte, die Karten mit Fettfingern anzufassen, legte ihm sein Koch einfach eine Scheibe Brot auf das delikat belegte Brot - das Sandwich war erfunden. So entstand diese leckere Klappstulle bereits im 18. Jahrhundert.
Aus zarten Brotscheiben zubereitet und fein belegt, vorrangig mit gekochtem Schinken, Blattsalaten, Gurken, Tomaten, Braten, darf das Sandwich aus der Hand gegessen werden.

Schlüterbrot:

Es besteht aus Roggen mit aufgeschlossener Kleie und ist ein Roggenbrot, das nach einem besonderen Backpatent hergestellt wird. Schlüterbrot besitzt ein kräftiges, leicht süßliches Aroma.

Weizenbrot:

Hier kennt der Fachmann zahlreiche Teigmischungen. Das Weizenbrot wird mit Wasser oder Milch, auch mit Fett (Toastbrot), mit Salz und Zucker hergestellt. Als Triebmittel wird Hefe verwendet. Je nachdem wie hoch der Krustenanteil ist, schmeckt es mild bis kräftig.
Allerdings wird diese Brotart rasch altbakken und sollte deshalb spätestens am Tag nach dem Einkauf verzehrt werden.
Als idealer Brotbelag gelten zarte Wurstsorten wie Mortadella, Kalbfleischwurst, Kalbsleberwurst, Räucherlachs, Krabbenfleisch, Hummerfleisch, Kaviar, gekochte Eier, Buttermischungen, gekochter Schinken, milde Delikateß-Salate und Leberterrinen.

Weizenmischbrot:

Der Teig wird mit einem überwiegenden Anteil an Weizenmehl und einem geringeren Teil an Roggenmehl zubereitet.
Als Faustregel gilt: Je mehr Weizenmehl das Brot enthält, um so milder ist es, und um so heller und krosser ist die Kruste.

Zu Weizenmischbrot passen eher milde als kräftige Wurstsorten, Frischrahmkäse, Brie oder milder Camembert, Schnittkäse wie Edamer und Emmentaler, Lachs- und Kochschinken.
Aber auch Fischzubereitungen und rustikale Pasteten und Terrinen sind ein idealer Belag für diese helle Brotsorte.

Spezialbrote für Feinschmecker

Neben diesen bisher vorgestellten Brotsorten gibt es eine Reihe würziger Sorten, die aus speziell hergestelltem Mehl nach eigens entwickelten Backverfahren und mit Zugabe nicht üblicher Zutaten wie z.B. Buttermilch, Zwiebeln, Kümmel, Sesam und sogar Walnüssen hergestellt werden. Hier ein kurzer Überblick:

Grahambrot:

Es besteht aus Weizenschrot und ist ein ungesalzenes und ungesäuertes Brot. Mit einer lockeren Krume ist es von kernignussigem Geschmack. Im Fachhandel wird es auch als Diätbrot angeboten.

Knäckebrot:

Diese meist knusprige Brotsorte wird aus unterschiedlichen Schroten hergestellt. Es eignen sich Roggen-, Weizenmehl oder Weizenschrot dazu. Es wird kroß, mürbe, gesalzen oder mit Gewürzen angereichert im Handel angeboten. Manche Sorten verlangen auch noch einen Zusatz an Milch oder Butter.
Das Flachbrot wird bei hohen Temperaturen schnell gebacken und anschließend noch getrocknet. So schmecken einige Sorten neutral, viele würzig.
Das Knäckebrot ist eine Brotsorte, die sich

Simonbrot:

Hierbei kann es sich sowohl um ein Roggen- als auch um ein Weizenvollkornbrot handeln. Nach einem besonderen Verfahren wird unter die zu Brei verquollenen Körner Sauerteig oder Hefe gemischt. Es wird in einer Kastenform in der Dampfkammer gebacken, ist recht dunkel und hat keine Kruste. Der Geschmack ist herb mit leichter Süße.

Smørrebrøds:

Diese belegten Brote sind eine Erfindung der Dänen, die damit ihren guten Geschmack unter Beweis stellen. Sie belegen eine höchstens ½ cm dicke Brotscheibe mit den leckersten Sachen. Dabei ist es gleichgültig, ob Toast-, Weiß- oder Roggenbrot verwendet wird. Lachs, Hummer- und Krebsfleisch, Rührei, gekochtes Ei, Fleisch, Fisch, Geflügel, Wurst, Käse und Delikateß-Salate sind die Belegzutaten für dieses köstliche Brot. Darüber hinaus werden diese Häppchen attraktiv garniert. Kopfsalatblätter, Dill, Petersilie, Kräuter, rote Bete in Streifen, Gürkchen, Mayonnaise und Sahnerosetten dürfen auf keinen Fall fehlen, gerade sie machen das Raffinierte des Brotes aus. Luxus-Smørrebrøds bekommen einen Belag aus Gänseleberparfait, geräucherten Austern, Langusten und Kaviar, ansonsten sind der Phantasie und dem Geschmack keine Grenzen gesetzt.

Walnußbrot:

Ist ein Roggen- oder Weizenmischbrot mit einem hohen Anteil an halbierten Walnußkernen.
Der kräftige Nußgeschmack des Brotes harmoniert mit allen Vollfett-Käsesorten und mit rohem Schinken. Walnußbrot paßt hervorragend zu kaltem Rinder- und Schweinebraten, zu würzigen Pasteten und zu Frikadellen.

Steinmetzbrot:

Es besteht aus Roggen- und Weizenkörnern, die speziell behandelt wurden. Länger als anderes Brot wird es in der Form gebacken. Das erklärt die besondere Würze dieses Brotes. Steinmetzbrot schmeckt besonders gut mit Schmalz, Mettwurst, aber auch mit Käsesorten wie Harzer und Schimmel-Käse.

Toastbrot:

Durch Fettzugabe des Teiges erhält dieses Brot seine lockere, feinporige Krume. Es wird aus Weizenmehl hergestellt und eignet sich ideal zum Toasten. Ferner bietet der Handel auch Roggen-Toastbrot an, das, aus 20% Roggenmehl gemischt, ein dunkleres Aussehen hat und kräftig-würzig schmeckt.

Konfitüren, Marmeladen, Gelees

Die unentbehrlichen Frühstücks-Begleiter

Das Zubereiten der fruchtig süßen Brotbeläge, Konfitüren, Marmeladen oder Gelees, geht verhältnismäßig einfach und schnell. Wichtig dabei ist, daß einige generelle Regeln befolgt werden.

Die Konfitüren, Marmeladen und Gelees in diesem Buch wurden mit Gelierpulver (Gelfix) oder mit Extra Gelier-Zucker zubereitet.

Bei der Zubereitung mit Gelierpulver ist das Verhältnis Obst zu Zucker etwa 1 zu 1; bei der Zubereitung mit Extra Gelier-Zukker ist das Verhältnis Obst zu Gelierzucker etwa 2 zu 1, d. h. zwei Teile Obst und ein Teil Extra Gelier-Zucker.

Und hier einige Regeln, die ein gutes Gelingen gewährleisten:

1. Nur Obst von bester Beschaffenheit ist zum Haltbarmachen geeignet.

2. Das Einmachgut sollte so frisch wie möglich verarbeitet werden. Also möglichst noch am Tag der Ernte.

Nur in Ausnahmefällen darf man Obst bis zum anderen Tag aufbewahren, dann aber an einem kühlen Ort trocken und ausgebreitet aufheben.

3. Zum Kochen der Früchte eignen sich sowohl Emaille- als auch Edelstahltöpfe. Beschädigte Töpfe sollen in der Einmachküche nicht benutzt werden.

4. Alle Einmachgeräte und -gefäße sollten vor jedem Gebrauch gründlich mit heißem Wasser unter Zusatz eines handelsüblichen Spülmittels gereinigt und anschließend in reichlich klarem Wasser nachgespült werden.

5. Auf größte Sauberkeit muß beim Einmachen unbedingt geachtet werden. Schon das kleinste Krümchen Brot, das in ein Einmachglas fällt, kann den Inhalt zum Gären, d. h. zum Verderben bringen.

6. Es ist wichtig, die im Rezept vorgeschriebenen Mengenangaben genau einzuhalten, d. h. also genaues Abwiegen aller Zutaten und Verarbeitung derselben in der im Rezept angegebenen Reihenfolge.

7. Die Kochtöpfe müssen so groß sein, daß sie höchstens bis zu einem Viertel mit der Fruchtmenge gefüllt sind.

Empfehlenswert ist es, besonders breite Töpfe (24-28 cm Durchmesser) zu verwenden, damit die Flüssigkeit gut verdampfen kann.

8. Es ist zweckmäßig, auf jedes Gefäß ein Schildchen mit der Bezeichnung des Eingemachten und dem Datum zu kleben, damit das ältere Eingemachte stets zuerst verwendet wird.

9. Alles Eingemachte muß an einem trokkenen, kühlen Ort aufbewahrt und von Zeit zu Zeit durchgesehen werden.

10. Sollte Konfitüre (Marmelade) durch ungünstiges Aufbewahren (zu warm) zu fest geworden sein, kann man sie bei Zugabe von etwas heißem Wasser wieder geschmeidig rühren.

Konfitüre oder Marmelade mit Gelierpulver

1. Die abgewogene Fruchtmenge in einen Kochtopf geben. Von der abgewogenen Menge Zucker 2 Eßl. abnehmen, mit dem Inhalt des Beutels Geliermittel mischen und mit der Fruchtmenge verrühren.

2. Das Kochgut unter ständigem Rühren bei starker Hitze zum Kochen bringen. Dabei darauf achten, daß etwa vorhandene Klümpchen des Geliermittels durch Zerdrücken vollständig gelöst werden.

3. Sobald alles bei starker Hitze unter ständigem Rühren durch und durch sprudelnd kocht, den restlichen Zucker (auf keinen Fall weniger nehmen) einrühren und das Ganze wieder zum Kochen bringen.

4. Wenn die Konfitüre (Marmelade) bei starker Hitze durch und durch stark kocht, *sie 1 Minute (nach der Uhr!)* unter ständigem Rühren sprudelnd kochen lassen.

Für Doppelkochungen die im Rezept vorgeschriebenen Mengen beachten und, wie in Punkt 1-4 beschrieben, verarbeiten, *aber 2 Minuten (nach der Uhr!)* unter ständigem Rühren sprudelnd kochen lassen. Den Topf von der Kochstelle nehmen, Konfitüre (Marmelade) evtl. abschäumen.

5. Zum Einfüllen die Gläser auf ein feuchtes Tuch stellen.
Einfüllen von Konfitüren (Marmeladen) und Gelees und Verschließen der Gläser s. S. 184.

Gelee mit Gelfix

1. Den abgemessenen Fruchtsaft (ggf. mit Wasser ergänzen) in einen Kochtopf geben. Von der abgewogenen Menge Zucker 2 Eßl. voll abnehmen, mit dem Inhalt des Geliermittels aus dem Beutel mischen und mit dem Fruchtsaft verrühren.

2. Die Flüssigkeit unter ständigem Rühren bei starker Hitze zum Kochen bringen. Dabei darauf achten, daß etwa noch vorhandene Klümpchen des Geliermittels durch Zerdrücken vollständig gelöst werden.

3. Sobald alles bei starker Hitze unter ständigem Rühren durch und durch sprudelnd kocht, den restlichen Zucker (auf keinen Fall weniger nehmen) einrühren und das Ganze wieder zum Kochen bringen.

4. Wenn das Gelee bei starker Hitze durch und durch stark kocht, es *½ Minute (nach der Uhr!)* unter ständigem Rühren sprudelnd kochen lassen.

Für Doppelkochungen die im Rezept vorgeschriebenen Mengen beachten, wie in Punkt 1-4 beschrieben verarbeiten, *aber 1 Minute (nach der Uhr!)* unter ständigem Rühren sprudelnd kochen lassen. Den Topf von der Kochstelle nehmen, Gelee evtl. abschäumen.

5. Zum Einfüllen die Gläser auf ein feuchtes Tuch stellen. Einfüllen von Konfitüren (Marmeladen) und Gelees und Verschließen der Gläser s. S. 184.

Konfitüre (Marmelade) mit Extra Gelier-Zucker

Für die Zubereitung von Konfitüren (Marmeladen) mit Extra Gelier-Zucker gibt es zwei Methoden.

Die erste, schnellere Zubereitungsart (Kochzeit 1 Minute) setzt voraus, daß die Früchte sehr fein geschnitten oder musig zerkleinert werden, damit die verwendete Frucht während der kurzen Kochzeit gart.

Für die zweite Methode (Kochzeit 3 Minuten) brauchen die Früchte nur grob zerkleinert zu werden, und kleinere Früchte können im Ganzen verwendet werden.

1. Die gesäuberten Früchte nach Belieben sehr fein schneiden oder musig zerkleinern, wiegen (1 kg).

2. Die Fruchtmenge in einen Kochtopf geben und mit dem Inhalt des Pakets Extra Gelier-Zucker (500 g) verrühren, unter ständigem Rühren bei starker Hitze zum Kochen bringen und dann
1 Minute (nach der Uhr!)
sprudelnd kochen lassen oder
die gesäuberten Früchte in Stücke schneiden (Beerenfrüchte je nach Größe ganz lassen).

Die Fruchtmenge in einen Kochtopf geben, mit dem Inhalt des Pakets Extra Gelier-Zucker verrühren und zugedeckt etwa 14 Stunden an einem kühlen Ort stehenlassen.

Die Masse dann nochmals kurz verrühren, unter ständigem Rühren zum Kochen bringen und dann
3 Minuten (nach der Uhr!)
sprudelnd kochen lassen.

3. Zum Einfüllen die Gläser auf ein feuchtes Tuch stellen.

Gelee mit Extra Gelier-Zucker

1. Aus gesäuberten Früchten Saft gewinnen, abmessen (750 ml = ¾ l) und in einen Kochtopf geben.

2. Von der abgewogenen Menge Zucker (400 g) 2 Eßl. voll abnehmen, mit dem Inhalt des Pakets Extra Gelier-Zucker mischen und mit dem Fruchtsaft verrühren.

3. Das Kochgut unter ständigem Rühren zum Kochen bringen. Wenn es kocht, den restlichen Zucker hinzufügen und das Ganze unter Rühren wieder zum Kochen bringen.

4. Das Gelee
1 Minute (nach der Uhr!)
unter ständigem Rühren kochen lassen, von der Kochstelle nehmen und das Gelee *sofort* in vorbereitete Gläser füllen.

5. Zum Einfüllen die Gläser auf ein feuchtes Tuch stellen.

Einfüllen von Konfitüren (Marmeladen) und Gelees und Verschließen der Gläser

Konfitüre (Marmelade) oder Gelee sofort *kochendheiß* randvoll in vorbereitete Gläser füllen, *sofort* mit Twist-off-Deckeln verschließen, umdrehen, etwa 5 Minuten auf dem Deckel stehenlassen
oder
Konfitüre (Marmelade) oder Gelee sofort *kochendheiß* randvoll in vorbereitete Gläser füllen, *sofort* mit Sichtfolie verschließen.
Dafür Sichtfolie in passende Stücke schneiden, straff über die Glasöffnung ziehen, mit einem Gummibändchen befestigen
oder
Konfitüre (Marmelade) oder Gelee in Gläser füllen, erkalten lassen. Ein Stück Sichtfolie in der Größe der Oberfläche des Eingemachten durch Alkohol ziehen, auf das Eingemachte legen, andrücken. Das feuchte Blättchen gleichmäßig mit etwas Einmach-Hilfe bestreuen. Zum Zubinden Sichtfolie in passende Stücke schneiden, straff über die Öffnung ziehen, mit einem Gummibändchen befestigen.

Salate

Salat braucht eine exakte Vorbereitung

Grüne wie Delikateß-Salate, Vortischcocktails und Obstsalate sind beliebte und leckere Speisen für den kleinen Hunger oder als Beigabe zu den Mahlzeiten. Doch sollten einige Grundregeln beim Einkauf unbedingt beachtet werden, denn aus welken Zutaten kann beim besten Willen kein schmackhafter Salat entstehen. Darum stets nur frisches Gemüse und Obst einkaufen und es möglichst schnell verbrauchen! Hier einige Tips zum Einkauf:

Blattsalate sollten fest und geschlossen sein, die Blattrippen straff und saftig. Nur Treibhaus-Salat hat lockere Köpfe. Frische Salatgurken sind dunkelgrün und fühlen sich fest an.
Paprikaschoten und Zucchini, Tomaten, Möhren, Auberginen sind frisch, wenn die Haut glatt und straff ist. Tomaten sollten außerdem eine gleichmäßig rote Farbe haben. Als Faustregel sollten Sie sich merken: Jede Speise ist so gut wie ihre beste Zutat!

Wesentlich hängt das Gelingen eines guten Salates von der richtigen Verarbeitung ab. Nach dem Einkauf sollten die Salatfrüchte locker verpackt, kühl und dunkel aufbewahrt werden. Dafür eignet sich ein Kühlschrank oder auch ein dunkler, kühler Keller. Gemüse und Obst werden unter fließendem kaltem Wasser gewaschen und nicht in Wasser gelegt. Es wird geputzt, dann eventuell noch einmal gewaschen und kleingeschnitten. Der Salat wird entweder gut trockengeschleudert (mit einer speziellen Salatschleuder oder einem Küchenhandtuch) oder zum Abtropfen in einen Durchschlag gelegt.
Blattsalate werden immer erst kurz vor dem Servieren mit der Marinade vermischt, da sie schnell zusammenfallen und unansehnlich wirken.
Salate aus Gemüse, Fisch- und Fleisch-Zutaten schmecken besser, wenn sie einige Zeit durchziehen konnten. Diese Salate werden einige Stunden vor dem Verzehr vermischt. Eventuell nach dem Durchziehen noch einmal abschmecken.
Bei der Verwendung von frischen Kräutern werden diese mit der Salatsoße verrührt oder kurz vor dem Anrichten zugefügt. Bei der Verwendung von getrockneter Ware darf nur etwa ein Drittel der Menge, die für frische Kräuter angegeben wurde, verwendet werden. Sonst wird der Geschmack zu intensiv. Tiefgekühlte Kräuter werden wie frische verwendet.
Die Salat-Zutaten und die Salatsoße werden in einer großen Schüssel locker vermengt. Bei salzigen Salat-Zutaten kann nach Belieben die Schüssel vorher mit einer halben abgezogenen Knoblauchzehe ausgerieben werden.
Damit nicht die Hälfte der Salatblätter auf der Tischdecke landet oder rund um Ihren Mund Salatsoße verschmiert ist, sollten Sie alle verwendeten Zutaten, egal ob Salat, Gemüse, Fleisch oder Obst gleichmäßig und vor allem mundgerecht schneiden. Kopfsalat wird in möglichst gleichmäßige, mundgerechte Stücke gezupft, dabei werden die groben Blattrippen entfernt. Endiviensalat, Chicorée, Chinakohl und Eisbergsalat werden in gleichmäßige Stücke geschnitten oder die Blätter abgetrennt und geschnitten. Zutaten für Rohkostsalate wie Möhren, Rettich, Fenchel, Sellerie oder Kohlrabi werden auf einer Reibe grob geraspelt oder gehobelt. Salatgurken können mit oder ohne Schale grob gehobelt oder mit einem Messer in feine Scheiben geschnitten werden.
Tomaten sehen in Scheiben geschnitten sehr gut aus. Größere Exemplare sollten lieber in Achtel oder Viertel geschnitten werden. Wer es klassisch mag, legt die Tomaten kurze Zeit in kochendes Wasser und zieht anschließend die Haut ab. Auch die Kerne sollten entfernt werden. In jedem Fall müssen die grünen Stengelansätze herausgeschnitten werden.
Mit einem Kartoffelausstecher lassen sich dekorative kleine Kügelchen aus Melonen, Gurken und Kartoffeln herausheben.
Paprika wird entweder in Streifen verwendet oder in Ringe geschnitten.

Neben den frischen Zutaten wird häufig auch gekochtes Gemüse wie Erbsen, Möhren, Sellerie und Kohlrabi verwendet. Am besten eignet sich ein Buntmesser, um aus diesen gekochten Zutaten Streifen zu schneiden. Ganze Zwiebeln können in dünne Streifen, Ringe oder Würfel geschnitten werden; Champignons in Hälften, Scheiben oder in Viertel. Staudensellerie wird meistens in kurze Stücke zerlegt, Porree in Streifen oder Scheiben. Radieschen und Rettich können in Streifen oder auch in Stiftform verarbeitet werden. Spargel wird meistens in kurze Stangen oder Stücke geschnitten.

Da Salate nicht nur aus rohem und gekochtem Gemüse bestehen, sondern auch Fleisch, Eier, Fisch, Geflügel, Meeresfrüchte, Käse und Obst zugegeben werden, ist bei der Vermischung der Zutaten und vorheriger Verarbeitung einiges zu beachten. So sollten die Zutaten, die man in einem Salat miteinander vermischt, möglichst einheitlich geschnitten werden, z. B. alles in Würfel oder Streifen. Höchstens zwei unterschiedlich geformte Zutaten sollten gemischt werden. Fleisch kann am besten in Streifen oder in dünne Scheiben geschnitten werden, Wurstsorten kann man auch würfeln. Aus Käse lassen sich schnell und gut dünne Streifen oder kleine Würfel scheiden. Gekochter Fisch läßt sich am besten zerpflücken.
Krabben, Muscheln und Austern werden ganz verwendet und nicht mehr zerschnitten. Hummer- oder Langustenfleisch läßt sich wiederum in Stücke schneiden.

Obst wie Kirschen oder anderes Steinobst wird selbstverständlich entsteint, auch aus Weintrauben werden die Kerne entfernt.
Größere Obstsorten wie Äpfel und Birnen können in Streifen, Würfel oder dünne Scheiben geschnitten werden.
Enthäutete Pfirsiche sehen in Spaltenform gut aus. Melonen werden gewürfelt, oder es werden mit einem Kartoffelausstecher kleine Kugeln ausgebohrt.
Kiwis werden geschält und in Scheiben oder Würfeln verarbeitet.
Beerenfrüchte wie Johannisbeeren oder Brombeeren werden ganz verarbeitet, nur Erdbeeren sollten halbiert werden.

Kleine Dekorationen mit großer Wirkung

Garnierungen sind das Tüpfelchen auf dem »i« beim Anrichten von Speisen auf Schüsseln, Tellern und Platten. Die Garnierung soll das appetitliche Aussehen der Gerichte unterstreichen. Doch Vorsicht - Garnieren ist eigentlich die Kunst des Weglassens - also nie die Speisen mit Garnierungen überladen.

Die Radieschen gehörten schon zu Omas Zeiten zu dem beliebtesten Garniergemüse. Ihre rote Schale mit dem weißen Fleisch läßt sie besonders appetitlich erscheinen.
Die Schale eines Radieschens wird in gleichmäßigen Abständen achtmal von oben nach unten eingeschnitten, die Schale wird etwas abgehoben und das Radieschen in kaltes Wasser gelegt, damit es »aufblüht«. Ein anderes Radieschen können Sie in gleichmäßigen Abständen achtmal von oben nach unten bis zur Mitte einschneiden, etwas auseinanderdrücken. In die so entstandenen Öffnungen werden Radieschenscheiben gesteckt.

Eine andere Möglichkeit: Die Radieschenschale in engen Abständen ringsherum längs einschneiden, dann rundherum in etwas größeren Abständen querschneiden. Kurz in kaltes Wasser legen.

Auch können Sie ein Radieschen von der Spitze her mit geraden Schnitten bis kurz vor dem Stiel einschneiden, oder aus einem anderen mit einem spitzen Küchenmesser in gleichen Abständen Keile herausschneiden.
Eine andere Garnierung entsteht, wenn man ein Radieschen viermal halbrund über dem Stiel einschneidet und die Oberfläche mit einigen geraden Schnitten einkerbt. Radieschen in kaltes Wasser legen. Verschiedene Radieschen-Motive lassen sich gut mit Radieschen-Blättern zu einer Blüte zusammenlegen.

Mit Paprika und Sellerie lassen sich ebenso gut Garnierungen herstellen. Dazu die Paprikaschoten quer halbieren, mit Knollensellerie-Streifen oder mit ganzen Champignons, Staudensellerie-Streifen, Petersilie- und Dill-Blättchen füllen. Rote, gelbe und grüne Paprika-Ringe werden eingeschnitten und ineinandergehakt. Gekochte Selleriescheiben können mit einem Bundmesser in Rauten, Streifen und Blüten geschnitten werden, die mit bunten Paprikastücken und Sahnetuffs garniert werden.
Staudensellerie können Sie längs halbieren und mit einem Spritzbeutel mit Sterntülle durch Sahnetuffs ausspritzen.
Ein Paprikabüschel ergibt sich, wenn verschiedenfarbige Paprikastücke in Streifen geschnitten werden, wobei ein Rand von etwa 3 cm stehenbleiben muß, die dann zusammengelegt werden.
Rote, entkernte Paprikaschoten-Viertel können ebenso wie Staudensellerie mit Sahnetuffs ausgespritzt werden.

Mit Melonen und Feigen lassen sich eine Vielzahl von dekorativen Garnierungen herstellen. Für Melonen-Schiffchen wird eine Melone geviertelt oder geachtelt. Aus dem Melonenfleisch können kleine Sternchen mit einem Ausstechförmchen ausgestochen und mit Spießen auf das Schiffchen gesetzt werden.
Eine andere Melone können Sie im oberen Drittel ringsherum bis zur Mitte zickzackförmig einschneiden, den oberen Melonenteil abheben, mit Schinkenröllchen, Kiwiachteln und Kräuterblättchen garnieren. Für den anderen Melonenteil wird eine Feige in gleichmäßigen Abständen achtmal von oben nach unten eingeschnitten, etwas auseinandergedrückt und auf die Melone gesetzt.

Eine Melonenhälfte an einer Längsseite zickzackförmig einschneiden, die Hälfte mit blauen Weinbeeren und Melonenfleisch-Kugeln ausfüllen. Die Melonenfleisch-Kugeln werden mit einem Kugelausstecher aus dem Melonenfleisch ausgestochen. Sehr dekorativ wirkt auch eine gefüllte Melone: Dazu wird von einer Melone der Deckel abgeschnitten, das Fleisch mit einem Kugelausstecher ausgestochen, die Melonenkugeln wieder in die Melone gegeben, der Deckel vorsichtig wieder aufgesetzt und mit einer Johannisbeertraube dekoriert.

Auch mit Maiskolben und Oliven lassen sich sehr viele Varianten zaubern. So werden gefüllte Oliven zusammen mit Salami-Scheiben auf Spieße gesteckt.
Eine Zitronenscheibe mit einer gefüllten Olive, einer kleinen Peperoni und einem Petersilienblatt belegt, sieht appetitlich aus und ist schnell hergestellt. Aus Tomatenachteln können Sie das Fruchtfleisch entfernen, die Tomatenachtel mit Kresse und Oliven belegen, oder mit Maiskolben, Schnittlauch und einem Stückchen Paprikaschote garnieren. Verschiedene Garnierungen lassen sich gut zu einer Blume zusammenlegen: Eine Gurkenscheibe mit ausgestochenen Selleriemotiven und einer gefüllten Olive belegen; gefüllte Olivenscheiben zu einer Blüte anordnen, in die Mitte eine blaue Olive legen: mit Mandeln gefüllte Oliven und ein Selleriehütchen bilden eine weitere Blüte. Als Blütenstengel Schnittlauch anlegen.
Für den Maiskolben-Stern: sieben Maiskolben mit den Spitzen nach außen zu einem Stern anordnen. Die Zwischenräume mit roten Peperonischeiben auslegen, ein Blatt Pimpinelle gibt dem Stern den letzten Pfiff.

Salzgebäck eignet sich sehr gut zum Dekorieren von Käse-Platten. Ein Käsestück wird mit blauen Weinbeeren und getrockneten Pflaumen garniert
Die Maus besteht aus einem Radieschen. Rechts und links wird in das Radieschen jeweils eine Radieschenscheibe gesteckt. Wacholderbeeren werden als Augen eingedrückt, ein Stück Käse wird als Mund in eine Kerbe gesteckt
Kräcker lassen sich gut mit Käsecremetuffs bespritzen, die dann mit Kartoffelchips und Salzstangen garniert werden
Eine weitere Möglichkeit: Salzstangen und Brezel in verschiedenen Motiven anordnen. Kartoffelchips zu einer Blüte zusammenlegen, mit Käsecreme füllen und mit Paprikapulver bestreuen
Dekorative Kartoffelchips werden auf mit Sahnetuffs bespritzte Kräcker gelegt, die dann noch mit Curry und Paprikapulver bestreut oder mit Kresse garniert werden

Auch aus Butter oder - ganz nach Geschmack - Margarine lassen sich schöne Dekorationen zaubern. Ist diese gut gekühlt, werden mit einem Buntmesser gleichmäßige Scheiben oder Würfel geschnitten und mit Petersilie angerichtet. Weiche Butter in ein Schälchen füllen, kühl stellen, dann mit dem Butterhobel von außen zur Mitte hin Locken ziehen, die sich in der Mitte des Schälchens zu einer Blüte formen.

Rezeptverzeichnis, alphabetisch

G

H

I/J

K